Ohn(e)Macht in der Krise

In einer Zeit, in der wir erleben, wie eine beängstigende Konzentration von Reichtum und damit verbundener Macht einer kleinen Elite sich anmaßt, die Welt und das Zusammenleben neu und jenseits aller Ideen einer humanistischen und solidarischen Gesellschaft zu organisieren, ist die Ohnmacht nicht weit und für viele Menschen spürbar. Kriege, die Zerstörung der Natur, das Rütteln an der Demokratie und eine Spaltung der Gesellschaft in »Mächtige und Ohnmächtige« sind die Hausforderungen unserer Zeit und auch wenn einige Finanzmagnate anscheinend darauf hoffen, den Folgen ihres Handelns durch Geld, Macht und Technik entkommen zu können, stehen Rückzugsorte wie der Mars nicht jedem zur Verfügung.

Wir wollten uns in diesem Heft jedoch nicht nur der »finsteren Seite« der Macht widmen, sondern vor allem einen Blick darauf werfen, welche Bedeutung dem Erleben von Macht und Ohnmacht im Kontext der Begleitung von Menschen in persönlichen Krisen und somit auch in der Hospizarbeit, der Palliativversorgung und der Trauerbegleitung zukommt.

So versucht Pater Anselm Grün in seinem Artikel die verbreitete negative Konnotation von Macht aufzulösen, im dem er verdeutlicht, dass nicht die »Macht an sich«, die jedem von uns innewohnt, das Problem ist, sondern der missbräuchliche Umgang damit, woraus sich schließen lässt, dass es zunächst um die Reflexion des eigenen Machtpotenzials gehen muss. Manfred Baumann spricht von einer »fürsorglichen Dominanz«, die darauf hindeutet, dass auch im Bereich der Palliativversorgung eine Machtkonstellation gegeben ist, die zu einer Art von palliativem Paternalismus führen kann, bei dem die Behandelnden und Begleitenden am Ende doch besser zu wissen glauben, was die Betroffenen brauchen, als diese selbst. Dass Ärztinnen und Ärzte die Möglichkeit haben, ihre Patient:innen zu beeinflussen oder sogar zu manipulieren, ist nichts Neues und spätestens in der Diskussion um den assistierten Suizid wird deutlich, dass unterschiedliche Wertvorstellungen zu großen Herausforderungen und Konflikten führen können. Wenn eine gemeinsame Entscheidungsfindung das Ziel ist, werden immer auch Aspekte von Macht und Ohnmacht eine Rolle spielen, da es nicht nur um die Erfüllung von Wünschen geht. Hinzu kommt auch in den Bereichen der Hospizarbeit und Palliativversorgung eine zunehmende Machtwirksamkeit der Ökonomie, die Ilka Jope in ihrem Artikel beschreibt. Aber auch eine schwere Erkrankung kann den Betroffenen selbst neben aller Ohnmacht eine beträchtliche Macht zukommen lassen, die auf unterschiedliche Weise zum Tragen kommen kann, wie es zum Beispiel Ute Geier und Julia Kilpatrick in ihren Artikeln darstellen. Asita Behzadi und Elizabeth Schmidt-Pabst bringen bedrückend und eindringlich zum Ausdruck, welch wichtige Aufgabe die Begleitung trauernder Menschen ist, die fern ihrer Heimat sind und Schreckliches erlebt haben.

Unsere Anliegen ist es, mit diesem *Leidfaden*-Heft dazu beizutragen, Macht und Ohnmacht mit ihren Möglichkeiten und Tücken nachzuspüren und zur Selbstreflexion einzuladen. Natürlich beleuchten wir damit nur einen kleinen Ausschnitt und konnten nicht alles, was für dieses Thema bedeutsam ist, in dieser Ausgabe unterbringen. Nun wünschen wir Ihnen viel Freude und einige Anregungen zum Nachsinnen beim Lesen.

Die Gedichte von Till Eitel aus seinem Lyrikband »Abschied« begleiten als Zeugnisse von Trauer und Ohnmachtserfahrungen durch das Heft.

Sylvia Brathuhn

Heiner Melching

Steven Kranz

Leidfaden, Heft 3/2025, S. 1, ISSN (Printausgabe): 2192-1202, ISSN (online): 2196-8217, © 2025 Vandenhoeck & Ruprecht

8 Christoph Gabl | Ohnmacht und Angst durch den erlebten Verlust der Selbstwirksamkeit

Inhalt

22 Anselm Grün | Macht und Ohnmacht

50 Katja Ehrenberg | Auch am Ende war das Wort

80 Steven Kranz und Manuela Schallenburger | Pflege – eine (Semi-)Profession im Macht-Ohnmacht-Dilemma

97 Verbandsnachrichten

Menschsein – Zwischen Ohnmacht und Allmacht

Eduard Zwierlein

Nichts ist so notwendig wie ein *neuer Blick*. Der Mensch ist ein Wesen, das ein wenig von allem hat, auch von der Macht. Er ist daher auch nicht völlig oder immer machtlos oder ohnmächtig, aber manchmal. Er ist aber ebenso keineswegs, wovon manche Fortschrittstheorie träumt, das Gegenteil von ohnmächtig, also: allmächtig. Die Allmacht lassen wir Gott, die Ohnmacht gehört all den Dingen, die von sich aus nichts machen können, den Steinen vielleicht. Der Mensch wohnt irgendwo dazwischen, zwischen Ohnmacht, die er fürchtet, und Allmacht, die er erträumt.

Bevor wir auf den einzelnen Menschen schauen, wollen wir wenigstens kurz das große Bild skizzieren, welches das Individuum umgibt. Wir müssen dabei neu denken lernen über das, was Menschsein ausmacht. Lange genug hat der Gang der abendländischen Geschichte uns mit einer großartigen Einseitigkeit verwirrt. Ihre goldenen Ideen, die sie zum Menschenbild herausgearbeitet hat, die Ideen der Freiheit, der Vernunft und der Autonomie, sind mittlerweile zu einer Allmachtsfantasie degeneriert. Wir wollen uns selbst und die Natur unter die Kontrolle wissenschaftlich-technischer Rationalität bringen, um uns von aller Schicksalhaftigkeit und Naturwüchsigkeit zu befreien.

Das ist keineswegs völlig unverständlich. Unser Leib wird krank und alt und müde. Es könnte doch schöne Alternativen dazu geben. Die uns umgebende Natur birgt viele Gefahren und Drohungen. Es wäre doch schön, sie so zu beherrschen, dass sie uns dient. Doch die Manipulation unserer Körper und unseres Lebens scheint uns nicht einen Funken glücklicher zu machen. Und unsere respektlosen Eingriffe in die Natur beantwortet sie mit einer umfassenden ökologischen Krise. Es ist eine Illusion, dass wir Schicksalhaftigkeit, Naturwüchsigkeit und Ohnmacht überwinden und aus unserem Leben verbannen könnten. Die großen Ideen des Abendlandes sind also nur die halbe Wahrheit. Was ist die andere Hälfte?

☯

Freiheit, Vernunft und Autonomie sind nur die halbe Wahrheit, weil wir noch etwas ganz anderes sind. Wir sind nämlich endliche, sterbliche Lebewesen. *Radikale Endlichkeit, Verletzlichkeit* und *Fragilität* sind daher unsere mindestens gleich wesentlichen Kennzeichen. Wir haben *Grenzen.* Unsere Zeit ist begrenzt, unser Wissen und unser Können sind es auch. Wir sind schwach. Am Ende versagen uns die Kräfte. Wenn wir die Weisheit der Grenzen unserer inneren und der äußeren Natur nicht studieren und anerkennen, bringen wir uns um oder sie bringen uns um. Dass wir aber in einer Gesellschaft leben, in der Autonomie und Selbstbestimmung so hoch geschätzt werden, führt im Gegenzug praktisch dazu, Ohnmacht und Angst fanatisch abzuwehren. Wir wollen nicht die Kontrolle verlieren. Schwach und hilflos zu sein, ist keine Option. Der tragische Kurzschluss, der vielen dabei eingeimpft wird: Mangelnde Selbstwirksamkeit bedeute mangelnden Selbstwert. Fehlende Selbstermächtigung heiße: fehlender Sinn.

Unsere Sehnsüchte fliegen weit über unsere echten Möglichkeiten hinaus. Als Ikarus mit seinem Vater Dädalus aus der Gefangenschaft fliegt, achtet er nicht auf die *Mitte,* auf die ihn der Vater als unseren Ort hingewiesen hat. Zu tief geflogen, und die Flügel werden nass: *Absturz.* Zu hoch geflogen, das Wachs schmilzt, die Flügel brechen auseinander: *Absturz.* Ikarus, das Symbol

Leidfaden, Heft 3 / 2025, S. 4–7, ISSN (Printausgabe): 2192-1202, ISSN (online): 2196-8217, © 2025 Vandenhoeck & Ruprecht

des Menschengeschlechts, hat hochfliegende Ambitionen. Tragödie aber ist Fallhöhe. Er wollte zu hoch hinaus – sein Sturz war sehr tief. Die Erde ist eine sonderbare Mitte zwischen Himmel und Hölle. Wer den Himmel auf Erden sucht, wird die Hölle schaffen. Es gibt keinen universalen Schlüssel für Erfolg und Gelingen unseres Lebens. Es muss und kann auch gar nicht »bewältigt« werden. Wir müssen es leben und erleben in all seinen Höhen und Tiefen und uns immer wieder in die Mitte retten.

Die Lebensreise, die uns auferlegt ist, ist schicksalhaft eine *Reise von Verwandlungen.* Dies gilt für alle kleinen, vor allem aber für die großen Erfahrungen von Geburt, Wachsen, Schlafen, Träumen, Lieben, Krankheit, Alter und Tod. Je jünger wir sind, desto mehr träumen wir uns als große Gestalter mächtiger Freiräume. Doch der Gang des Lebens und sein wesentlicher Grundzug ist ein anderer. In den meisten Fällen erfahren wir Verwandlungen eher als Widerfahrnisse, die uns treffen. Wir haben uns nicht in die Welt gesetzt. Wir haben es uns nicht ausgesucht, dass wir wachsen, reifen und alt werden. Wir haben es uns nicht ausgesucht, dass wir müde werden und schlafen müssen und dass uns im Schlaf Träume aufsuchen. Es ist niemandes freie Wahl, dass wir schwach werden, hungrig sind, krank werden, dass wir lieben wollen und sterben müssen. Schicksalhaftigkeit und Naturwüchsigkeit gehören unvermeidlich zu uns. Wir sind, auf gewisse Weise, zufällig: *kontingent.* Es könnte anders sein. Es ist nicht notwendig oder zwingend so, wie es ist. Dass ich da bin und so bin, wie ich bin, dass ich in eine bestimmte Familie, einen bestimmten Leib, ein bestimmtes Land, eine bestimmte Sprache und ein bestimmtes Jahrhundert hineingeboren bin, ist wenig bis gar nicht zu beeinflussen. Es ist uns zugefallen. Wir werden in die Prüfungen und Reifungen des Lebens gedrängt und gezwungen. Auch dorthin, wo wir nicht mitgehen wollen, zieht es uns einfach mit. Wir suchen uns nicht aus, was uns zufällt und als Forderung des Lebens vor uns hintritt. Dieses herausgeforderte Leben mit all seinen Wandlungen, das sind wir.

Wir sind nicht immer ohnmächtig, wir sind nie allmächtig. Wir haben ein wenig Macht. Diese Macht bewegt sich in Grenzen, zu denen wir uns

The Fall of Icarus, 17th century, Musée Antoine Vivenel / Wikimedia Commons

Der Sturz des Ikarus

A. Baragioli, Minchiate card deck (Florence, 1860–1890): trump VIIII – La Ruota della Fortuna / Wikimedia Commons

Das Rad des Schicksals (Tarotkarte)

in ein weises Verhältnis setzen müssen. Wir sind nicht nur Aktivität und Macher. Unsere Sprache unterscheidet in der Grammatik zwischen aktiv und passiv. Wir handeln und wir erleiden. Manches haben wir in der Hand. Vieles nicht. Leiden ist in unser Leben eingeschrieben, auch wenn wir es nicht immer leiden können. Manchmal können wir sogar uns selbst nicht richtig leiden und müssen es doch irgendwie mit uns aushalten. Wir wehren uns bis zu einem gewissen Grad und in bestimmten Grenzen. Wir kurieren Krankheiten, bauen Dämme, warnen vor Stürmen und sichern uns bestmöglich ab. Dass wir erkranken und sterben werden, schieben wir dabei allerdings im besten Fall nur ein wenig hinaus. Wenn die Dinge kommen, die stärker sind als wir, stellen sie unsere Welt einfach auf den Kopf.

Schmerz, Trauer, Enttäuschung, Verlust, Krankheit, Tod, dies alles gehört konstitutiv zu uns. Wer das durchstreicht, streicht nicht nur das *Menschsein* durch, sondern auch die *Menschlichkeit.* Wir sind nämlich abhängig und aufeinander verwiesen. Denn dass wir zerbrechlich, fragil und verletzlich sind, ist der Grund dafür, dass Verbindung, Fürsorge und Solidarität wichtiger und notwendiger sind als alles andere. Wenn irgendetwas der Ohnmacht ihre Macht nimmt, uns in Verzweiflung zu stürzen, ist es dies. Ich weiß, dass es manchmal gerade Verbindungen und Beziehungen sind, die uns Kummer und Leid bringen. Jeder weiß das. Die Alternative ist aber nicht: Beziehungslosigkeit, sondern *gute Beziehungen.* Manchmal sind die anderen unsere Hölle. Aber grundsätzlich gilt der Satz nicht. Die Hölle, das sind nicht die anderen. Wenn wir ganz allein ohne die anderen wären, das wäre die Hölle. Die anderen sind manchmal unser Unglück, vor allem aber sind sie unser Glück.

Die Aufgabe der Selbstwerdung ist ein gemeinsames Projekt mit anderen und keine Solo-Tour. Wir kommen aus *Verbundenheit,* wir wachsen in *Bindungen,* wir brauchen Verbundenheit bis zum letzten Atemzug. Wir sind von Anfang bis Ende Wesen, die aus Verbindung leben und verbindliches Leben brauchen, um wir selbst zu werden. Wir sind *Beziehung.* Ohne Beziehungen sind wir nichts. Wenn wir so neu und umfassend über uns denken, hat das Auswirkungen in die persönliche Praxis hinein. Werde ich nämlich von der konkreten, leibhaftigen Erfahrung von Schmerz, Verlust und Trauer überwältigt und erfahre ich ein Gefühl von Ohnmacht, sind dies *meine Lebensaufgaben:*

- *Prüfen, ob es wirklich definitive Grenzen* sind, an denen nicht sinnvoll zu rütteln ist. Denn manchmal ist die Aussichtslosigkeit nur scheinbar. Wir müssen uns schon ein paar Beulen holen und nicht gleich resignieren, erst dann wissen wir Bescheid.
- *Prüfen und nutzen der Spielräume,* die dann noch bleiben. Mir selbst bleibt ein bescheidener, aber doch wichtiger Spiel- und Freiraum, nämlich wie ich mich zu den Verwandlungen, die ich erleide, aktiv stelle und wie ich die Verwandlungen in mein Eigenes verwandle.
- *Unveränderliches annehmen – aber wie?* Der springende Punkt ist der, wie wir die Dinge ansehen. Hier gibt es immer die Möglichkeit einer Entscheidung. Am besten versuchen wir sie so anzusehen, dass wir dem Sinn im Schicksal auf die Spur kommen.
- *Alle auftauchenden Gefühle und Empfindungen,* wie Angst, Wut, Trotz, Empörung, Schuld und so weiter, sind nicht böse oder falsch, sondern Begleiter und Medikamente unseres Lebens. Sie alle wollen uns etwas sagen oder zeigen. Sie sind Boten mit einer Nachricht. Wir dürfen sie nicht fortjagen, sondern müssen ihre Weisheit entschlüsseln.
- *Es gibt eine Grenze für Selbstwirksamkeit und Selbstermächtigung.* Sie taucht auf, wenn wir »in Ohn-Macht fallen«. Wir werden dann erschöpft und schwach und sinken zu Boden. Wir müssen dies dulden. Es gibt kein Mittel dagegen. Aber wir sollten diese Lähmung nicht mit etwas anderem verwechseln: All das bedeutet nicht, dass ohnmächtiges Leben wertlos ist. Leicht bringen wir dies durcheinander: dass wir unfähig und machtlos, hilflos, schutzlos und wehrlos sind, heißt nicht, dass wir minderwertig oder unzulänglich seien.
- Alle diese Lebensaufgaben sind keine heroischen Aktivitäten eines einsamen Einzelnen oder bindungslosen Selbst. Aus Verbundenheit mit anderen zu leben, das bedeutet, sie *als Wegbegleiter immer an unserer Seite zu haben.*
- Dass *auch Begleitende von unserer Ohnmacht überwältigt* und sie selbst ohnmächtig werden und verstummen können, ist gut, weil es angemessen ist. Wir brauchen kein Geschwätz. Wichtig ist, dass wir in der Ohnmacht nicht allein sein müssen.

Dr. phil. habil. **Eduard Zwierlein,** M. A., Studium der Philosophie, Psychologie und Theologie, ist apl. Professor für Philosophie an der Universität Koblenz-Landau sowie als Unternehmensberater tätig.
Kontakt: zwierlein@csm-drzwierlein.de

Ohnmacht und Angst durch den erlebten Verlust der Selbstwirksamkeit

Christoph Gabl

Ohnmacht, Angst und Hoffnung

Plötzlich ist alles anders! Die scheinbar unendlichen Möglichkeiten des Lebens wurden vom Schicksal auf einen engen Handlungsspielraum reduziert. Das Gefühl der Ohnmacht beherrscht die Lebenssituation. Die Erfahrung dieser Wirklichkeit, der Verlust der Selbstwirksamkeit, des Erlebens von Abhängigkeit und Ausgeliefertsein, bedeutet die Konfrontation mit einer Grenze, die als unverrückbar und bedrohlich empfunden wird. Daraus resultieren Gefühle von Ohnmacht und Angst[1] (Kolbe, 2016). Es entsteht eine bedrückende Enge, die als Bedrohung der eigenen Existenz empfunden wird. Hieraus resultiert existenzielles Leiden.

Menschen beschreiben die Wahrnehmung von Ohnmacht unterschiedlich: »Jetzt weiß ich nicht mehr weiter. Mir entgleitet die Kontrolle, ich bin ein Spielball der Ereignisse. Ich fühle mich hilflos ausgeliefert.« Diese überwältigende Erfahrung führt zur empfundenen Trennung von den persönlichen, tragenden Werten, den Grundlagen der Existenz und somit zu existenziellem Leiden. »Leiden und Schmerz stellen unser Leben ganz oder teilweise in Frage; sie bedrohen die Liebe zum Leben« (Längle und Bürgi, 2016, S. 9). Phasen existenziellen Leids, ausgelöst durch das Gefühl der Ohnmacht, erleben alle Menschen in den unterschiedlichsten Lebensabschnitten.

Die Fähigkeit zu leiden ist Teil der Conditio humana. In dieser liegen weitere Qualitäten begründet, nämlich neben negative Empfindungen wie Schmerz, Unlust oder die Angst vor Verletzung oder Zerstörung, auch positive Emotionen wie Freude und Glück sowie die Interaktion mit der Umwelt oder anderen Menschen, einschließlich der Liebe (Bozzaro, 2015). Diese unbeeinflussbare Tatsache steht im klaren Widerspruch zum zentralen Antrieb der Moderne, dem Konzept, die Welt beherrschbar und kontrollierbar zu machen, über sie zu verfügen. Gleichzeitig bestehen Ohnmacht, Angst und somit Enge in der modernen Gesellschaft, wodurch der Diskurs und somit die Demokratie gefährdet sind. Hoffnung[2] hingegen öffnet den Blick auf das Kommende (Han und Kiefer, 2024). Letztlich bedeutet die Conditio humana eine direkte Konfrontation des Menschen mit der Unverfügbarkeit des Lebens (Rosa, 2021), mit der wir einen Umgang finden müssen.

Ohnmacht und Leiden bei lebensbedrohlicher Erkrankung

Besonders deutlich wird dieses Erleben der Unverfügbarkeit von Menschen beschrieben, die bei chronischer oder lebensbegrenzender Erkrankung unmittelbar mit ihrer Endlichkeit konfrontiert sind. Diese Menschen fühlen sich ihrem eigenen Körper hilflos ausgeliefert. Typische Aussagen dazu sind: »Ich bin nicht mehr Herr im eigenen Haus« oder »Mir hat es den Boden unter den Füßen weggezogen«. Die betroffenen Menschen erleben die Gefahr, ins Bodenlose zu stürzen.

Existenzielles Leiden beruht also auf der bedrohlichen Wahrnehmung, dass das tragende Fundament der eigenen Existenz verloren geht oder gehen kann (Längle, 2009), woraus sich das Erleben der Bodenlosigkeit erklären lässt. Neben Ohnmacht und Angst sind folgende auslösende Gefühle und Erfahrungen zu nennen: gefangen sein in der Krankheit; Rollen-, Identitäts- und Kontrollverlust; anderen zur Last fallen; Sinn- und Hoffnungslosigkeit. Dies betrifft mehr als ein Drittel der Palliativpatient:innen, abhängig von der Erkrankungsphase sind es vorübergehend wesentlich mehr.

Existenzielles Leiden verstärkt oft bestehende körperliche Symptome (zum Beispiel Schmerzen oder Übelkeit) und erschwert deren Behandlung. Es kann auch selbst ein Auslöser solcher Symptome sein, ohne Erklärung durch ein körperliches Korrelat (Gabl, Feichtner und Weixler, 2024).

Existenzielle Verzweiflung, Leiden ohne Hoffnung und Sinn – das wahre Elend

Wenn zum existenziellen Leiden Gefühle der Sinnlosigkeit und Hoffnungslosigkeit hinzukommen, entsteht ein existenzielles Vakuum mit daraus resultierenden Suizidgedanken (Frankl, 2005). Dieser Zustand wird als existenzielle Verzweiflung bezeichnet (Längle, 2014). Die Menschen bringen dies zum Ausdruck: »So kann und will ich nicht mehr leben.« Sie suchen eine Exitstrategie, der Sterbewunsch entsteht. Sterbewünsche sind ein komplexes Phänomen und untrennbar mit existenziellem Leiden verbunden (Rodríguez-Prat et al., 2024). Sie können von der Akzeptanz oder dem Herbeisehnen des baldigen Todes über den Wunsch nach Beschleunigung des Sterbens bis hin zur Suizidalität reichen (Kremeike et al., 2019).

Sinnfindung im Leben, in Ohnmacht und existenziellem Leiden

»Wir erfüllen den Sinn des Seins – wir füllen unsere Existenz mit Sinn – immer durch die Verwirklichung von Werten« (Frankl, 2018). Die Werte, die einen existenziellen Sinn ermöglichen und damit die Grundlage für eine sinnvolle Lebensgestaltung darstellen, fasst Frankl in drei Wertekategorien zusammen (Frankl, 2005): *Erlebniswerte* entstehen aus Begegnungen mit Natur, Kunst, anderen Menschen, in Gesprächen und in der Liebe. *Schöpferische Werte* werden in der Kreativität und Generativität erlebt, beispielsweise in Erfüllung von Lebensaufgaben, in der Kunst oder in einem hinterlassenen Vermächtnis. *Einstellungswerte* verwirklichen bedeutet, sich auf die Begrenzungen des Lebens einzustellen. Dadurch kann ein sinnvoller Umgang mit dem Leiden aufgrund eines Schicksals erreicht werden.

ROUTINE

Ich kaufe
noch immer
ein
für
zwei.

Macht
der
Gewohnheit
macht
keinen
Sinn.

Wege aus der Ohnmacht – Unterstützung durch Betreuungspersonen

Um Einstellungswerte anzupassen und Widerstände zu integrieren, sind Selbstannahme und Selbstvertrauen wesentliche Bedingungen. Dies ermöglicht die Bezugnahme des Menschen auf seine persönlichen Möglichkeiten (Kolbe, 2016). Selbstwirksamkeit wird neu erfahren.

Leiden ist ein individueller Zustand, denn die Vorstellung von einem guten Leben und einem guten Sterben (den Hartogh, 2016) hängt von individuellen Denkmustern und Wertvorstellungen ab. Jeder Mensch hat unterschiedliche Voraussetzungen und eine einzigartige, charakteristische Biografie. Die Deutungshoheit über die Hintergründe liegt ausschließlich bei der leidenden Person. Daher ist zu akzeptieren, dass Ohnmacht und existenzielles Leiden nicht durch Außenstehende behoben werden können (Chochinov, 2023), weder durch Empfehlungen noch durch Medikamente.

Betreuungspersonen können leidende Menschen auf zweierlei Weise unterstützen: durch gemeinsames (er-)tragen des Leidens und durch reflektierendes Zuhören. Letzteres bedeutet, Aussagen der leidenden Person zurückzuspiegeln, ohne etwas hinzuzufügen. Daraus entwickeln sich bei den Betroffenen Selbstwahrnehmung und ein Verständnis für die eigene Situation, was die Grundlage für ein Anpassen der Einstellungswerte

Egon Schiele, Weiblicher Rückenakt, 1917 / INTERFOTO / fine art images

und eine mögliche andere Sinnfindung wäre. Enge bildet sich zurück, Hoffnung entsteht.

Manchmal widersetzt sich existenzielles Leid einer Linderung. In diesem Fall muss die Ohnmacht gemeinsam mit den Betroffenen (aus-)gehalten werden (Saunders, 2005).

Dr. **Christoph Gabl**, MSc (Palliative Care), Facharzt für Innere Medizin, Hämatologie und Internistische Onkologie, ist ärztlicher Leiter im Mobilen Palliativteam Innsbruck & Innsbruck Land, Tiroler Hospiz-Gemeinschaft. Er ist Mitglied der Ethik-Gruppe der Österreichischen Palliativgesellschaft. Sein Hauptinteresse als Referent und in der Forschung gilt der Betreuung von Patient:innen und Angehörigen im existenziellen Leiden und bei Sterbewünschen.

Kontakt: christoph.gabl@posteo.at

Literatur

Bozzaro, C. (2015). Schmerz und Leiden als anthropologische Grundkonstanten und als normative Konzepte in der Medizin. In: Maio, G.; Bozzaro, C.; Eichinger, T. (Hrsg.), Leid und Schmerz. Konzeptionelle Annäherungen und medizinethische Implikationen. Freiburg, München.

Chochinov, H. M. (2023). Intensive caring: Reminding patients they matter. In: Journal of Clinical Oncology, 41, 16.

den Hartogh, G. (2016). Sedation until death: Are the requirements laid down in the guidelines too restrictive? In: Kennedy Institute of Ethics Journal, 26, 4, S. 369–397.

Frankl, V. E. (2005). Ärztliche Seelsorge. Grundlagen der Logotherapie und Existenzanalyse. Mit den zehn Thesen über die Person. 11., überarbeitete Auflage. Wien.

Frankl V. E. (2018). Der leidende Mensch. Anthropologische Grundlagen der Psychotherapie. 4., unveränderte Auflage. Bern.

Gabl, C.; Feichtner, A.; Weixler, D. (2024). Sedation indicated?—rethinking existential suffering: A narrative review. In: Annals of Palliative Medicine, 13, 2, S. 397–414.

Han, B. C.; Kiefer, A. (2024). Der Geist der Hoffnung. Wider die Gesellschaft der Angst. Berlin.

Kissane, D. W., et al. (2022). Psycho-existential Symptom Assessment Scale (PeSAS) screening in palliative care. In: Journal of Pain and Symptom Management, 64, 5, S. 429–437.

Kluge, F. (2011). Etymologisches Wörterbuch der Deutschen Sprache. 25. Auflage. Berlin, Boston.

Kolbe, C. (2016). Selbstannahme und Selbstvertrauen. In: Existenzanalyse. 33, 2, S. 46–51.

Kremeike, K.; Perrar, K. M.; Lindner, R.; Boström, K. (2019). Todeswünsche bei Palliativpatienten – Hintergründe und Handlungsempfehlungen. In: Zeitschrift für Palliativmedizin, 20, 6, S. 323–335.

Längle, A. (2009). Warum wir leiden: Verständnis, Umgang und Behandlung von Leiden aus existenzanalytischer Sicht. In: Existenzanalyse, 29, 1, S. 20–29.

Längle, A. (2014). Sinnvoll leben. Eine praktische Anleitung der Logotherapie. Neuausgabe, 3. Auflage. St. Pölten, Salzburg, Wien.

Längle, A.; Bürgi, D. (2016). Wenn das Leben pflügt. Krise und Leid als existentielle Herausforderung. Göttingen.

Rodríguez-Prat, A.; Pergolizzi, D.; Crespo, I.; Julià-Torras, J.; Balaguer, A.; Kremeike, K.; Voltz, R.; Monforte-Royo, C. (2024). The wish to hasten death in patients with life-limiting conditions. A systematic overview. In: Journal of Pain and Symptom Management, 68, 2, e91–115.

Rosa, H. (2021). Unverfügbarkeit. 3. Auflage. Berlin.

Saunders, C. M. (2005). Watch with me: Inspiration for a life in hospice care. Lancaster, UK.

Anmerkungen

1 Zwischen »Angst« und »Enge« besteht ein Zusammenhang: ahd angust, »verbunden mit eng« (Kluge, 2011).

2 In die Ferne sehen, in die Zukunft sehen (Kluge, 2011).

Rollen und Verantwortlichkeiten in der Trauerbegleitung im ambulanten und stationären Setting

Von Körper, Geist und Psyche, sozialen Aspekten und Beziehungen

Tabea Sammer

Macht haben wir dann, wenn unser Grundbedürfnis nach Kontrolle und Orientierung (Grawe, 1998) befriedigt ist, Ohnmacht erleben wir, wenn die Welt nicht mehr vorhersagbar ist und Handlungsspielräume fehlen. Aus der systemischen Perspektive wird Macht als ein dynamisches Element betrachtet, das innerhalb von Beziehungsstrukturen entsteht und sich in sozialen Kontexten entfaltet. Ohnmacht wird als Zustand völligen Kontrollverlustes verstanden und weiterhin als wiederkehrendes Kommunikations- und Interaktionsmuster. Macht und Ohnmacht wirken somit auf Aspekte des Erlebens (Selbstwirksamkeit versus Hilflosigkeit), auf unsere Gefühle (Selbstvertrauen versus Angst), auf unsere Handlungsmöglichkeiten (aktive Gestaltung versus Rückzug) und auf unsere Beziehungen (Einfluss nehmen/Abgrenzung versus Abhängigsein/Anpassung). Somit stellen in der Trauerbegleitung Tätige eine wichtige Instanz dar, Ohnmacht entgegenzuwirken und Macht als Kontrolle und Ressource durch Selbstwirksamkeit und Selbstbestimmung zu fördern.

Trauerbegleiter:innen geben, schaffen, fördern, stärken, begleiten, entpathologisieren, unterstützen

- *Halt und Orientierung:* Trauer kann überwältigend und desorientierend sein. Trauerbegleiter:innen bieten einen stabilen, geschützten Rahmen, in dem Emotionen wie Schmerz, Wut, Schuld oder Angst ihren Platz haben dürfen. Sie helfen trauernden Personen, sich in ihrem stark veränderten Alltag zurechtzufinden.
- *Raum für Emotionen:* Trauerbegleiter:innen ermutigen zur Auseinandersetzung mit allen Facetten der Trauer. Besonders bei gesellschaftlich tabuisierten Gefühlen (zum Beispiel Wut gegenüber dem Verstorbenen oder Schuldgefühle) bieten sie einen geschützten Raum.
- *Ausdrucksmöglichkeiten:* Neben Gesprächen können kreative Methoden wie Schreiben, Malen oder Rituale dabei helfen, Trauer zu verarbeiten.
- *Ressourcen und Selbstwirksamkeit:* Indem sie den trauernden Personen helfen, auf ihre inneren und äußeren Ressourcen zuzugreifen, fördern sie deren Fähigkeit, den Verlust in das eigene Leben zu integrieren.
- *Übergangsphasen:* Besonders in Phasen, in denen neue Rollen und Identitäten entstehen (zum Beispiel nach dem Verlust eines Elternteils oder einer Partnerin/eines Partners), unterstützen Trauerbegleiter:innen die *Neuorientierung.*
- *Trauer per se:* Trauer ist keine Krankheit, sondern ein natürlicher Prozess. Trauerbegleiter:innen helfen dabei, diesen als normalen Teil des Lebens zu verstehen und anzunehmen.
- *Netzwerkbildung und Praktikabilität:* In manchen Fällen vermitteln Trauerbegleiter:innen weitere Hilfsangebote wie zum Beispiel the-

rapeutische Unterstützung, Selbsthilfegruppen oder Seelsorge.

Somit unterstützen und tragen Trauer:begleiter:innen Prozesse und Aspekte der Trauer(arbeit), für die bestimmte Berufsgruppen spezialisiert sind.

Psycholog:innen und Psychotherapeut:innen fördern Akzeptanz, Neuorientierung und Integration

Trauer ist zwar ein natürlicher Prozess und dennoch oft mit umfassenden Lebensveränderungen verbunden. Psycholog:innen und Psychotherapeut:innen helfen dabei, diese Neuorientierung aktiv zu gestalten und damit explizit Ohnmacht entgegenzuwirken. Das Zusammenwirken von ungünstigen biografischen Erfahrungen (etwa bereits erlebte Verluste, Mangel an Unterstützung), Mangel an Ressourcen, aber auch Aspekte auf der Persönlichkeitsebene können dazu führen, dass Trauer als überfordernd und damit häufig verbundene Gefühle wie Angst, Schuld und Scham als überwältigend erlebt werden. Dann kann ausgeprägte Hilflosigkeit entstehen, die ein »Weiterleben« oder »Leben ohne« scheinbar unmöglich machen.

Sie erkennen den Unterschied zwischen »gesunder« Trauer, die emotional belastend, aber dennoch heilsam verläuft, und einer anhaltenden Trauer, die therapeutische Intervention erfordert. Dabei begleiten Psycholog:innen primär »gesunde« Trauerprozesse, leisten wertvolle Aufklärungs- und Beratungsarbeit und unterstützen besonders wenn es darum geht, emotionale Stabilität zu fördern, hilfreiche Bewältigungsstrategien zu entwickeln und anhaltende Trauerreaktionen frühzeitig

Valerii Honcharuk/Adobe Stock

zu erkennen. Dagegen übernehmen Psychotherapeut:innen die Behandlung von psychischen Störungen, die im Zusammenhang mit Trauer auftreten können. Sie begleiten dabei, Schmerz zu verwandeln, den Verlust zu integrieren und neue Lebensperspektiven zu entwickeln. Besonders bei komplizierter Trauer leisten sie einen entscheidenden Beitrag zur Stabilisierung und Heilung.

Ärzt:innen widmen sich nicht nur der körperlichen Erkrankung

Somatische Symptome und körperliche Schwäche führen bei schwerkranken und sterbenden Menschen häufig zu ausgeprägtem Hilflosigkeitserleben und empfundenem Autonomieverlust – »ich habe keine Macht mehr über mich, meinen Körper, über das, was passiert«. Angehörige werden dann oft zu »ohnmächtigen Begleiter:innen«. Begreifen wir Kontrolle und Orientierung als Vorhersagbarkeit und damit auch die Möglichkeit bietend, »loslassen zu können«, so kommt Ärztinnen und Ärzten eine weitere bedeutende, wenngleich häufig indirekte Rolle zu und sie können durch Haltung und Kommunikation entscheidend zur Bewältigung von Verlust beitragen. Sie beantworten Fragen wie: Was passiert gerade? (zum Beispiel Fortschreiten der Erkrankung, Symptome und deren Behandlung). Was kann nicht verändert werden? Eine rasche somatische Symptomlinderung führt in der Regel zur Entlastung auf der psychischen Ebene und trägt somit maßgeblich zur Förderung der Lebensqualität bei. Ärztinnen und Ärzte zeigen Präsenz und sind ausgebildet, pathologische Trauerverläufe zu erkennen und gegebenenfalls den Kontakt zu psychologischen oder psychotherapeutischen Kolleg:innen herzustellen.

Besonders bei komplizierter Trauer leisten Psychotherapeut:innen einen entscheidenden Beitrag zur Stabilisierung und Heilung.

Pflege schafft Vertrauen und Sicherheit durch Beziehung, Nähe, Dasein

Pflegefachkräfte erleben durch körperliche Einschränkungen und Belastungen hervorgerufenes Ohnmachtserleben bei Betroffenen in aller Nähe und in direkter Konfrontation. In der Pflege chronisch kranker oder schwerstkranker Menschen begleiten Pflegende die Betroffenen und deren Angehörige oft über einen längeren Zeitraum. Sie erleben dabei nicht nur den Verlust am Ende, sondern auch »kleine Verluste« während der Krankheitsphase (etwa den Verlust von Fähigkeiten oder der Selbstständigkeit). Durch ihre Begleitung und Unterstützung fördern und stärken sie Ressourcen sowie Kontrolle und leisten so einen wichtigen Beitrag zur *Ermächtigung* Betroffener. Darüber hinaus sind Pflegende häufig diejenigen, die Sterbende in ihren letzten Lebensphasen begleiten. Sie schaffen eine Atmosphäre von Ruhe, Würde und Geborgenheit. Sie können durch Berührung, Worte oder einfaches »Dasein« Trost spenden und Sterbenden und Angehörigen helfen, (existenzielle) Ängste abzubauen. Für Angehörige sind Pflegende oft zentrale Ansprechpersonen, die sich gewahr sind, dass Angehörige häufig belasteter sind als sterbende Menschen selbst (zum Beispiel Braun et al., 2007). Sie leisten selbst intensive emotionale Arbeit durch eine Haltung von Präsenz und Aushalten – ohne Worte auszukommen und »Sprachlosigkeit« in diesen Situationen akzeptierend zu begegnen.

Gefahr von Machtmissbrauch im Auge behalten

Auch wenn Kompetenzen und Aufgaben der hier beispielhaft aufgezeigten Berufsgruppen – auch Physiotherapie, Sozialarbeit und künstlerische Therapien leisten darüber hinaus wertvolle Beiträge in der Begleitung – sich positiv auf das Ohnmachtserleben Betroffener auswirken, sollten wir dennoch die Möglichkeit von Machtmissbrauch bedenken. Dieser entsteht, wenn Beziehungen von Einseitigkeit und Ungleichgewicht, gezielter Verunsicherung, Grenzüberschreitungen, Erzeugung von Abhängigkeit, Angst- und Schuldgefühlen geprägt sind. Vor diesem Hintergrund ist es hilfreich, Macht nicht als Eigenschaft einzelner Personen zu verstehen, sondern im Blick zu haben, dass sich Macht aus den Mustern und Interaktionen zwischen Menschen ergibt (Prinzip der Wechselseitigkeit). Betrachten wir Macht als konstruktives Element im Sinne positiver Orientierung kann es Menschen immer befähigen, eigene Autonomie und Handlungsfähigkeit wiederzuerlangen.

M. Sc. Psych. **Tabea Sammer** arbeitet seit über zehn Jahren im palliativen Setting. Sie ist als Psychologische Psychotherapeutin auf der Palliativstation im Franziskus-Krankenhaus Berlin und in eigener Praxis tätig.

Kontakt: tabea.sammer@franziskus-berlin.de

Literatur

Braun, M., Mikulincer, M., Rydall, A., Walsh, A., Rodin, G. (2007). Hidden morbidity in cancer: Spouse caregivers. In: Journal of Clinical Oncology, 25, 30, S. 4829–4834.
Grawe, K. (1998). Psychologische Therapie. Göttingen.
Hermans, B. E.; Beermann, A. (Hrsg.) (2024). Systemische Psychotherapie. Lehrbuch für Studium und Weiterbildung. Berlin.
Wagner, B. (2019). Psychotherapie mit Trauernden. Weinheim, Basel.

nicevectors / Adobe Stock

Macht und Ohnmacht

Ein Doppelpass

Markus Merk

KI-generiert / Shutterstock

Welch ein Privileg!

Über zwanzig Jahre durfte ich in der exponierten Entscheidungswelt in der Bundesliga und im internationalen Fußball in den Stadien rund um die Welt als Schiedsrichter, als der Entscheider, aktiv und mittendrin sein. Ein Kindheits- und Jugendtraum, der sich sportlich erfüllt hat, aber auch gepaart mit einer großen Führungsaufgabe. All dies in der Glitzerwelt und im Millionengeschäft Fußball, in der gegensätzliche, individuelle Charaktere und hohe Emotionalität aufeinanderprallen.

4. Juli 2004, Lissabon, Estádio de la Luz, Finale der Fußball-Europameisterschaft zwischen Portugal und Griechenland, die letzten Minuten in unserer Kabine. »Wie viele Schiedsrichter dieser Welt möchten jetzt an unserer Stelle sein?«, frage ich in die Runde meiner Kollegen. Ein kurzes Nicken. Dann die ultimative Aufforderung des Delegierten: »One minute to go, boys!« Hundertfach haben wir dieses Prozedere durchlebt, aber dieser Weg von der Kabine bis zum Anpfiff ist ein besonderer Gang. Ein Finale ist ein Ritterschlag, nicht nur für uns, das Schiedsrichterteam. In den nächsten neunzig Minuten plus wird jede Entscheidung kontrolliert und seziert – live und zu dieser Zeit noch komplett ohne die mittlerweile üblichen technischen Hilfsmittel, unwiderruflich und nicht korrigierbar.

In den Tagen vor dem Finale wurde mir noch stärker bewusst, welche Tragweite meine Entscheidungen haben. Am Ende geht es nicht nur um Sieg oder Niederlage, um wirtschaftliche Interessen, sondern Millionen von Fußballfans sind emotionalisiert, ganze Nationen fiebern mit Pathos und Stolz in ihren Farben. Und ja, die Macht der Entscheidung, die Macht eines einzelnen Pfiffes ist nicht zu leugnen. Eine Entscheidung, ein Pfiff, der Bruchteil einer Sekunde spielen Doppelpass zwischen Freude und Trauer. Es ist zwar in Wahrheit nur ein Spiel, doch jeder einzelne Fan durchlebt seine Gefühlswelt.

Macht verlangt Verantwortung, Demut und Weitblick

Diese Tragweite war mir in meiner jugendlichen Begeisterung für den Fußball in der Spezialdisziplin Schiedsrichter natürlich nicht bewusst. Ebenso wenig ein Gedankengang, der sich mit Macht und Ohnmacht meiner Aufgabe beschäftigte. In einem ausdauerhaften, langsamen, geduldigen Lernprozess musste ich wachsen. Mein Wille, mich auch auf hohem Niveau zu verbessern, waren Ansporn und Antrieb. Spätestens in der Bundesliga angekommen wurde ich vermehrt mit dem Begriff der Macht konfrontiert. Ein für mich zumindest ambivalenter, ehrlich aber eher negativer Begriff. Als Machtmensch wollte ich tunlichst nicht bezeichnet werden, es war nicht Teil meiner Genetik. Nicht deswegen habe ich die Aufgabe als Schiedsrichter übernommen. Oft habe ich versucht dies wegzudiskutieren.

Was Macht mit Menschen machen kann, erleben wir im Negativen in der Geschichte und in der Gegenwart. Das ist mir Warnung genug. Wenn Verantwortung, Demut und Weitblick verloren gehen, gerät Macht schnell zu einer Gefahr für das nahe oder globale Umfeld. Macht

Leidfaden, Heft 3 / 2025, S. 15–17, ISSN (Printausgabe): 2192-1202, ISSN (online): 2196-8217, © 2025 Vandenhoeck & Ruprecht

Macht haben, ohne Macht zu demonstrieren. So habe ich auch meine Aufgabe als Schiedsrichter interpretiert.

zu haben, sie positiv einzusetzen, ohne Macht zu demonstrieren ist mein Credo. Mich führte es mehr und mehr in die Fähigkeit, Menschen in ihrem Fühlen, Denken und Tun zielführend mitnehmen, unterstützen und bestärken zu können. Macht beschreibt hauptsächlich ein Potenzial, unsere Fähigkeit und Kompetenz, es ist eine Kraft, die es mir ermöglicht, Entscheidungen zu treffen und Projekte zu managen.

Das Umfeld spiegelt dir in der Regel schnell wider, wie du persönlich mit Macht umgehst und sie einsetzt, wünschenswerterweise mit Wertschätzung und Anerkennung. Es gibt kaum eine öffentlichere und diskutablere Entscheidungswelt als die eines Schiedsrichters im Fußball. Selten übernehmen die vermeintlich besseren Entscheider Verantwortung. Fehlleistung, Kompetenzüberschreitung und Machtmissbrauch werden schnell suggeriert. Ein Zustand, der persönlich oft schwer zu ertragen ist. Dies gilt nicht nur für Schiedsrichter im Fußball, sondern für alle, die in ihrem Aufgabengebiet Verantwortung tragen und entscheiden müssen. Du hast alles gegeben, dich für die Sache und deinen Mitmenschen mit bestem Wissen und Gewissen eingesetzt und doch ist nicht selten Kritik der Lohn. Öffentlich werden Entscheidungen zerpflückt, medial an den Pranger gestellt, die sachliche Kritik fließt nahtlos in persönliche. Dem stehst du machtlos gegenüber, oft musste ich diese Ohnmacht am eigenen Leib erfahren.

Es ist ein stetiger Lern- und Erfahrungsprozess, diesen negativen Umstand nicht nur zu ertragen, sondern positive Lehren daraus zu ziehen. Selbstkritisch zu bleiben, sich immer wieder zu überprüfen, Selbstzweifel zu überwinden. Wenn du selbst ohnmächtig bist, dann wirst du deine Ziele, Menschen zu unterstützen und stärken, nicht erreichen und somit deiner Aufgabe nicht gerecht werden. Mächtig, überzeugt sein, wie man handelt und seinen Weg geht und vorlebt, das zeigt Stärke. Was in der Glitzerwelt Fußball gilt, zählt auch in allen anderen Lebensbereichen. Unser Umfeld verlangt nach starken Personen. Wer selbst in Ohnmacht lebt und sie vorlebt, der sät Ohnmacht, Unsicherheit und Zweifel.

»Es geht um alles oder nichts«, heißt es oft bei wichtigen Spielen. Definitiv geht es darum im Sport nicht. Wenn überhaupt, dann stimmt dies in anderen, in existenziellen Lebensbereichen.

Ortswechsel 1: Im Rahmen des Projekts »Schützt Kinder im Krieg« der UEFA und des Internationalen Roten Kreuzes war ich als Botschafter 2004 in Sierra Leone. Das Wort »Flüchtlingslager« wurde für mich zu sicht-, spür- und fühlbar. Zehntausende Menschen leben eingepfercht auf engstem Raum. Gefühlt unmenschlich, doch ist es ein Schutzraum und besser, als den terrorisierenden Rebellen ausgeliefert zu sein. Mittendrin fühlst du eine Enge, ein beklemmendes Gefühl und den Anflug von Ohnmacht. Wie gern hätte ich die positive Macht, dies zu ändern, mit einem Pfiff in der berühmten Sekunde.

Ortswechsel 2: 1992 war ich als Zahnarzt erstmalig in Südindien, um 2500 Kinder in 35 Kinderheimen zu behandeln. Ein Kinderheim war mitten in einem Gebiet, wo Menschen in einem Steinbruch arbeiteten. Männer, Frauen, Kinder, Familien, die monumentale Steine in sengender Sonne, nur minimal geschützt von einer etwas Schatten spendenden Plane, per Hand zu Schotter bis Splitt zerkleinerten. Den atemlosen Momenten folgte der schnelle Gedanke, genau dort eine Schule zu bauen, den Kindern eine Grundausbildung zu ermöglichen. Er unterlag der Macht der Großgrundbesitzer, die Bildung für die nächsten Generationen zu ermöglichen. Sie sahen es als kontraproduktiv bezüglich ihrer persönlichen Ziele.

Privat

»Ich, wir werden alles in unserer Macht Stehende tun!«

Wie oft hören wir diesen Satz, haben ihn auch sicher schon selbst benutzt oder zumindest in unserem Gedankengang gehabt. Nur an diesen zwei Beispielen habe ich erfahren, dass dies begrenzt sein kann, wir von vielen inneren und äußeren Einflüssen abhängig sind. Und doch können wir etwas tun, wenn auch mitunter reduzierter als gewünscht. In Sierra Leone habe ich mich, trotz großer Bedenken und mit großem organisatorischen Aufwand durchgesetzt und ein Fußballspiel zwischen zwei Jugendmannschaften organisiert. Es wurde ein wahres Fußballfest, ein paar Stunden Freiheit und Freude mit Bildern, die sich tief eingeprägt haben. In Indien ist es uns gelungen, in anderen Gebieten drei Kinderdörfer mit fünf Schulen, Waisenhäuser und ein Altenheim zu bauen. Über 5000 Kinder haben dort bis heute eine Schulausbildung bekommen.

Ich habe gelernt, den für mich im Ursprung ungeliebten, negativen Begriff der Macht positiv zu sehen. Macht als positive Möglichkeit des Handelns, Tuns, der Gestaltung und Wertschöpfung zu betrachten. Erfahrene und gefühlte Ohnmacht begleiten uns dabei im Leben, sind ein dialogisches Wechselbad der Gefühle, eine Mahnung, die eigene Macht nicht zu überzeichnen. Die größte Kraft und positive Wirkung gehen von den Menschen aus, die ihre Macht einsetzen, ohne dass es das Umfeld, das Gegenüber spürt. Eine Bescheidenheit im Umgang mit ihr ist wohltuend. Macht haben, ohne Macht zu demonstrieren. So habe ich auch meine Aufgabe als Schiedsrichter interpretiert. Und was gibt es dabei Schöneres als den 4. Juli 2004 nach dem Abpfiff des Finales der Europameisterschaft. Kompetenz und die qua Amt gegebene Macht positiv eingesetzt, das Spiel und positive Emotionen stehen im Vordergrund, du selbst bleibst unauffällig. Ein gutes Gefühl, du hast alles richtig geMACHt!

Dr. **Markus Merk**, dreifacher Weltschiedsrichter, Entscheidungs- und Werteexperte, Key-Note-Speaker, Entwicklungshelfer, Ausdauersportler und Kosmopolit.

Kontakt: merk@merkstiftung.de
Website: www.merkstiftung.de

Raus aus der Ohnmacht

Albi Roebke im Interview mit Lisa Harmann

Bei Verkehrsunfällen und Naturkatastrophen, nach Anschlägen und Amokläufen: Albi Roebke, 58 Jahre, ist als Notfallseelsorger zur Stelle, wenn das Leben aus den Fugen gerät. Seit 25 Jahren leistet der evangelische Pfarrer aus Bonn seelische Soforthilfe in Extremsituationen und bietet Betroffenen Halt. Denn wenn plötzlich nichts mehr ist, wie es war, sind es oft scheinbar kleine Dinge, die den Unterschied machen und helfen, einen Weg aus der Ohnmacht zurück in die Handlungsfähigkeit zu finden.

Der Zweifachvater weiß, wovon er spricht, er war bei zahlreichen Katastrophen im Einsatz, darunter bei der Flut an der Ahr und nach dem Einsturz des Kölner Stadtarchivs mit Todesopfern. Zudem wurde er von der Bundesregierung in das Hurrikan-Gebiet nach Florida entsendet. Im Jahr 2015 durchlebte er zudem selbst einen schweren Verlust, als seine Eltern und sein Bruder bei einem Autounfall starben.

In seinem Buch »Und plötzlich ist nichts mehr, wie es war«, das im Herbst 2025 erscheint, erzählt er bewegend und persönlich von den Momenten, die alles verändern, und zeigt, wie auch wir mit alltäglichen Krisen- und Ausnahmesituationen besser umgehen können. Seine Co-Autorin Lisa Harmann, die selbst als Familientrauerbegleiterin und Notfallseelsorgerin im Einsatz ist, hat Albi Roebke interviewt.

Lisa Harmann: *Albi, an welchen Fall denkst du als Erstes, wenn wir über Ohnmacht sprechen?*

Albi Roebke: Ehrlich gesagt an alle. Denn in der Akutphase steht nicht das Thema »Trauer« im Vordergrund, sondern die Ohnmacht. Natürlich sind die Leute in dem Moment, in dem sie erfahren, dass eine ihnen nahestehende Person gestorben ist, auch schon traurig, aber die Erschütterung ist größer. Die Frage »Worauf kann ich mich in der Welt noch verlassen?« nimmt viel Raum.

Lisa Harmann: *Könntest du uns das an einem konkreten Beispiel erläutern?*

Albi Roebke: Na klar, ein beispielhafter Fall ist etwa der mit dem zehnjährigen Mädchen, dass in der Nacht mitbekommen hat, wie sich seine Eltern streiten und an deren Ende der Papa abgeführt wird und die Mama nicht mehr lebt. Das Kind sitzt bei den Nachbarn, es hat soeben erfahren, dass die Mama tot ist, als ich als Notfallseelsorger hinzukomme und versuche, es aus der Ohnmacht zurück in die Handlungsfähigkeit zu bringen.

Lisa Harmann: *Wie versuchst du das?*

Albi Roebke: Es ist schon mitten in der Nacht, ich vermute, dass das Kind noch kein Abendessen hatte, und frage, ob es Hunger habe und etwas essen wolle. »Ein Brot vielleicht«, sagt es. Und der anwesende Polizist und ich sagen: »Quatsch, was wünschst du dir wirklich?« Und das Kind sagt »Eine Pizza Salami«. Und jetzt sind wir dran.

Lisa Harmann: *Inwiefern?*

Albi Roebke: Es ist nun lebensentscheidend, dass wir um diese nächtliche Uhrzeit noch exakt diese Pizza bekommen, denn die Welt dieses Kindes ist grad zusammengebrochen. Wenn in diesem Moment nicht einmal mehr so etwas vermeintlich Belangloses wie eine Pizza Salami möglich ist, bedeutet das den kompletten Kontrollverlust. Gelingt es uns allerdings, dem Kind zu zeigen: »Hey, du wünschst dir eine Pizza – du kriegst eine Pizza«, führen wir es mit diesem winzigen Schritt zurück in die Selbstwirksamkeit. Manchmal braucht es dafür aber nicht mal etwas zu essen …

Lisa Harmann: *Sondern?*

Leidfaden, Heft 3/2025, S. 18–21, ISSN (Printausgabe): 2192-1202, ISSN (online): 2196-8217, © 2025 Vandenhoeck & Ruprecht

ALBI ROEBKE: Allein, in dem wir zum Beispiel bei der Überbringung einer Todesnachricht fragen: »Wir haben eine traurige Nachricht für Sie, möchten Sie sie hören?« So geben wir die Entscheidung in die Hand unseres Gegenübers. Und natürlich möchten alle dann die Nachricht hören, sie entscheiden aber selbst den Zeitpunkt. Ein Stück Kontrolle in einer sonst so unkontrollierbaren Situation ... denn wir können das Schicksal natürlich nicht ändern, aber zumindest den Umgang damit erleichtern.

LISA HARMANN: *Du sprachst am Anfang davon, dass die wahre Trauer erst später einsetze ...*

ALBI ROEBKE: Genau, nach 25 Jahren Notfallseelsorge kann ich sagen, dass bei den meisten Hinterbliebenen so ungefähr nach sechs Wochen der Realisierensprozess einsetzt. In den Wochen davor haben viele trotz der rationalen Gewissheit, dass die Person verstorben ist, emotional die Vorstellung, er oder sie könnte doch nochmal an der Tür klingeln und reinkommen.

LISA HARMANN: *War das bei dir auch so, nachdem du deine Eltern und deinen Bruder bei einem Autounfall verloren hast?*

ALBI ROEBKE: Ja! Und das, obwohl ich doch die Theorie so gut kenne. Ich hatte vor dem Unfall ein gusseisernes Gartentor in Auftrag gegeben, das dann fünf Wochen nach dem Tod meiner Familie fertig war. Ich schaute es an und dachte: Oh, das würde meiner Mutter gefallen – und wählte ins-

StockSnap from Pixabay

tinktiv ihre Nummer. Es klingelte dreimal, bis mir bewusst wurde, dass niemand abnehmen würde.

Lisa Harmann: *Was geht da in unserem Kopf vor sich?*

Albi Roebke: Nun, unsere Seele schont uns in gewisser Weise. Wir können uns das vielleicht so vorstellen, als würde im Schockzustand ein kleines Eisentor hochgefahren, um unser Funktionieren und Überleben erstmal zu sichern. Nach und nach wird das Tor wieder runtergefahren und damit sickern die Gefühle zum Verlust erst allmählich in unser Bewusstsein. Wir würden vermutlich umkippen, wenn all der Schmerz auf einmal käme. Wenn er dann kommt, heißt das also eigentlich, dass wir jetzt stark genug sind, ihn auszuhalten.

Lisa Harmann: *Wir haben viel über Ohnmacht gesprochen, lass uns nun auch mal über Macht sprechen …*

Albi Roebke: Oh ja, da beginne ich immer gern mit einem Exkurs in die Kindheit. Und ich beziehe mich hier auf Kinder, die normal – friedvoll und sicher gebunden – aufwachsen durften. Sie sind mit etwa drei Jahren mit einer herrlichen Allmachtsfantasie ausgestattet. Für sie geht morgens die Sonne auf, weil sie aufstehen. Das passiert alles für sie, so empfinden sie es. Hier müssen wir bei einer Trennung der Eltern aufpassen, dass sie nicht denken, auch das läge an ihnen …

Lisa Harmann: *Und in welche Phase kommen sie dann?*

Albi Roebke: Im späteren Grundschulalter setzt dann die Erkenntnis ein: »Hm, ich kann alles richtig machen und trotzdem scheitern.« Denn auch wenn das Kind in Mathe die Grundlagen draufhat, kann eine Textaufgabe auch mal schiefgehen. Hier wird ihnen klar, dass sie nicht über alles Kontrolle haben können. Dann kommt noch die magische Phase, die oft auch bis ins Erwachsenenalter hineinreicht. Sie sagen sich: Wenn ich auf dem Weg zur Schule auf keine Fuge trete, klappt alles. Oder wenn ich vor dem Fußballspiel den Pfosten berühre. Wir können das Suggestion von Kontrolle nennen.

Lisa Harmann: *Wir betuppen uns also selbst, um dem Gefühl der Ohnmacht zu entkommen?*

Albi Roebke: Exakt. Es ist eine gefühlte Sicherheit, die unser Nervensystem aber beruhigt. Ich fahre zum Beispiel Motorrad, das ist für jemanden, der in meinem Job arbeitet, eigentlich irre, weil er miterlebt, was alles passieren kann. Aber ich spalte das auf zwischen Emotion und Ratio. Ich sage mir: Ich habe eine Top-Sicherheitsausrüstung, ich trinke niemals, wenn ich fahre – also passiert mir nichts. Obwohl ich rational natürlich weiß, dass mich an jeder Ecke ein LKW-Fahrer übersehen kann.

Lisa Harmann: *Spalten wir das auch auf, wenn wir eine geliebte Person verlieren?*

Albi Roebke: Ja, das tun wir. Wenn plötzlich jemand stirbt, den wir gern hatten, wird unser Urvertrauen erschüttert. Die eben beschriebene Aufspaltung funktioniert nicht mehr. Das Gefühl von »Ich habe nichts mehr unter Kontrolle« schleicht sich in unseren Kopf. Und rational stimmt das ja auch. Es kann uns theoretisch jeden Tag etwas passieren. Den Vertrauensverlust in die Welt kriegen wir rational also nicht gelöst.

Lisa Harmann: *Wie dann?*

Albi Roebke: Jedenfalls nicht über Trostversuche à la »Sei dir gewiss, sowas passiert dir nicht nochmal«. Das hilft in dem Moment nicht, denn wir dachten bis vor ein paar Tagen ja auch noch, dass uns so etwas *nie* passiert. Wir müssen also über ganz viele kleine Kontrollerfahrungen – wir erinnern uns an die Wichtigkeit der Pizza Salami – wieder zurück in diesen »Ich-betuppe-mich-selbst«-Modus kommen, um wieder mit mehr Leichtigkeit durch die Welt zu kommen.

Lisa Harmann: *Du bleibst mit vielen Menschen in Kontakt, die du mal betreut hast, was erzählen sie darüber?*

Albi Roebke: Eine junge Frau, die grad mit dem zweiten Kind schwanger war, als ihr Mann starb, sagte mal den guten Satz: »Ich habe Bullerbü verlassen.« So ein Ereignis verändert uns. Alle, die schon mal einen Schicksalsschlag verkraften mussten, wissen, dass sie keine Kontrolle haben – müssen aber so leben, als ob. Vertrauen ist immer grundlos.

Lisa Harmann: *Wie schaffen wir es trotzdem, wieder Optimismus in den Alltag zu lassen?*

Albi Roebke: Nun, wenn wir vom Pferd fallen, wird uns auch empfohlen, wieder aufzusteigen. Die ersten Male vielleicht nur kurz und je öfter nichts passiert, desto mehr.

Lisa Harmann: *Du vergleichst die Situation nach einem Verlust auch manchmal mit einer Eisfläche …*

Albi Roebke: Genau. Bislang sind wir nur zu Fuß gegangen, plötzlich sollen wir uns auf Eis bewegen. Natürlich rutschen wir da am Anfang aus, haben mal Muskelkater oder wollen aufgeben, aber irgendwann profitieren wir vielleicht davon, dass wir uns von nun an auf mehreren Flächen bewegen können. Vielleicht kann es sich mit ein bisschen Erfahrung später auch mal gut anfühlen, übers Eis zu gleiten – auch wenn es sich vermutlich immer anstrengender anfühlen wird als das Bewegen auf festem Grund.

Lisa Harmann: *Du bist ja evangelischer Pfarrer, kann auch der Glaube dabei helfen, zurück ins Vertrauen zu kommen?*

Albi Roebke: Absolut. Religiöse Menschen haben den Vorteil, dass sie Vertrauen und Verantwortung und Ohnmacht an eine wohlwollende allgegenwärtige Macht abgeben können. Sie selbst mögen zwar manchmal keine Kontrolle haben, aber dafür Gott. Sie können die Ohnmacht über das Vertrauen in ein allmächtiges Wesen kompensieren, was sie oft resilienter macht.

Lisa Harmann: *Viele Hinterbliebene hadern nach einem Schicksalsschlag aber auch mit ihrem Gott …*

Albi Roebke: Allein dadurch, dass sie das tun, zeigen sie ja, wie gläubig sie sind. Wenn sie enttäuscht von Gott sind, heißt das ja, dass sie an ihn glauben, dass sie ihn vermissen und nun Fragen haben. Aber auch fern des Glaubens sollten wir uns alle klarmachen, dass Ohnmacht eine Grunderfahrung des Menschen ist – sowohl in der Geburt als auch im Tod und dazwischen.

Lisa Harmann: *Ich bedanke mich herzlich für dieses aufschlussreiche Gespräch, lieber Albi. Ich bin überzeugt davon, dass deine Gedanken und Erfahrungen Mitgefühl und Verständnis fördern und auf diese Weise die Begleitung von Menschen in Krisenzeiten hilfreich unterstützen können.*

© Ingmar Björn Nolting

Albi Roebke, geboren 1967, ist evangelischer Pfarrer und hauptamtlich als Koordinator der Notfallseelsorge in der Region Bonn/Rhein-Sieg tätig. Er war bei zahlreichen Katastrophen im Einsatz, darunter bei der Flut an der Ahr und nach dem Einsturz des Kölner Stadtarchivs. Zudem wurde er von der Bundesregierung in das Hurrikan-Gebiet in Florida entsendet. Im Mai 2015 durchlebte er selbst einen schweren Verlust, als seine Eltern und sein Bruder bei einem Verkehrsunfall starben.

Website: www.notfallseelsorge-bonn-rhein-sieg.de

Lisa Harmann, geboren 1982, ist freie Journalistin, Bloggerin (»Stadt Land Mama«) und Autorin (unter anderem »Wow Mom« mit Katharina Nachtsheim) und hat sich zur Familientrauerbegleiterin (»TrostTeam«) und Notfallseelsorgerin ausbilden lassen. Nach einigen eigenen frühen Verlusten ist es ihr wichtig, vor allem Ungesehenen eine Stimme zu geben. Dafür setzt sie sich privat und beruflich ein.

Kontakt: lisa@trostteam.org
Website: https://trostteam.org

Macht und Ohnmacht

Anselm Grün

Ohnmacht in unserem Leben

Viele Menschen fühlen sich angesichts der politischen Lage ohnmächtig. Sie erfahren aber auch in anderen Bereichen ihre Ohnmacht. Sie spüren Ohnmacht dabei, einem verbitterten Menschen zu helfen oder einem Schwerkranken Hoffnung zu stiften. Wir fühlen uns manchmal auch ohnmächtig anderen Menschen gegenüber, die so selbstbewusst auftreten, dass wir uns ganz klein machen. Und wir spüren Ohnmacht uns selbst gegenüber. Wir arbeiten an uns, wollen Schwächen überwinden, sehen aber einfach keinen Fortschritt. Die Ohnmacht lähmt uns. Macht wäre die Fähigkeit, aktiv zu reagieren auf Widerstände, auf die Situation schwerkranker Menschen, auf die gereizte Atmosphäre in unserer Umwelt.

Macht und Autorität Jesu

Viele Christen haben ein negatives Verhältnis zur Macht. Oft genug ist Macht missbraucht worden. Oder sie kennen in ihrer Umgebung Machtmenschen, die andere klein machen müssen. Die Versuchung, Macht zu missbrauchen, hat Jesus selbst erlebt, als der Teufel ihm anbot: »Alle Macht und Herrlichkeit dieser Reiche will ich dir geben, denn sie sind mir überlassen« (Lk 4,6). Wer dieser Versuchung erliegt, der fällt vor dem Teufel nieder, der unterwirft sich einer zerstörerischen Kraft. Doch von Jesus heißt es auch, dass er mit Vollmacht das Wort Gottes verkündete (Lk 4,32). Das griechische Wort heißt »exousia«. Das bedeutet eigentlich: aus dem Sein heraus. Jesus hat keine äußere Macht an sich gerissen. Er hat aus dem Sein heraus gepredigt. Und das bewirkt etwas bei den Menschen. Sie spüren die Macht seiner Worte,

Leidfaden, Heft 3 / 2025, S. 22–24, ISSN (Printausgabe): 2192-1202, ISSN (online): 2196-8217, © 2025 Vandenhoeck & Ruprecht

Odilon Redon, Christus und die Samariterin (Der weiße Blumenstrauß), 1895 / akg-images

Wir sind Macht, wenn wir wie Jesus aus dem Sein heraus leben, sprechen und handeln.

weil sie der Wahrheit, weil sie dem Sein entsprechen und aus ihm strömen. So gibt es machtvolle Menschen, die sich nicht hinter einer äußeren Machtrolle verstecken müssen, die einfach von sich aus eine Autorität haben. Autorität haben ist das Gegenteil von autoritär sein. Autorität kommt von »augere« = mehren. Die Macht, die von einer echten Autorität ausgeht, mehrt das Leben der Menschen. Autoritär ist der Mensch mit Minderwertigkeitskomplexen. Er muss machtvoll auftreten und die anderen klein machen, um an seine Größe zu glauben.

Missbrauch von Macht

Gegenüber der Ohnmacht, die uns lähmt, zeigt uns die Macht, dass wir etwas bewirken können, dass wir aktiv auf die Situation, in die wir gestellt werden, reagieren können. Diese Macht hat verschiedene Aspekte. Wir sprechen von der Macht der Liebe. Ein Mensch, der in sich verhärtet ist, der an seiner Krankheit verzweifelt, wird durch die Liebe aufgebrochen. Auf einmal spürt er wieder das Leben. Wir sprechen von der Macht des Wortes, das andere Menschen aufrichtet. Macht ist die Fähigkeit, etwas zu vermögen, etwas zu bewirken. Und das ist im Grunde positiv.

Aber es gibt natürlich genügend Formen, die Macht zu missbrauchen. Wir brauchen dabei nicht nur auf die Mächtigen dieser Welt zu schauen, von denen Jesus sagt, dass sie die Völker unterdrücken und sich Wohltäter nennen lassen (Lk 22,25). Diese Menschen üben Macht aus, um andere zu unterdrücken und um in der Welt Anerkennung zu bekommen. Doch es gibt genügend verletzende Machtspiele, die wir im Alltag anwenden. Da gibt es die Macht der Emotionen. Wenn ich beleidigt auf ein Wort des oder der anderen reagiere, übe ich Macht aus über ihn oder sie. Ich vermittle ihm oder ihr ein Schuldgefühl. Und Schuldgefühle im anderen zu bewirken, ist eine sehr subtile Form der Machtausübung. Denn keiner kann sich den Schuldgefühlen völlig entziehen. Alte Eltern üben manchmal diese Macht aus, indem sie den

UNGELEGEN
UNGELESEN

Unsere Geschichte ist wie ein Buch, das ich gerne zu Ende gelesen hätte, statt mittendrin aufhören zu müssen.

Jetzt weiß ich ja noch nicht einmal, wie ich dieses Kapitel abschließen soll.

Till Eitel: ABSCHIED. Ein lyrisches Trauertagebuch, Kösel Verlag

Söhnen und Töchtern Schuldgefühle einimpfen: »Wir haben so viel für euch getan. Und ihr habt keine Zeit für uns.« Auch Kranke versuchen manchmal diese Form der Machtausübung, indem sie den Angehörigen oder auch den Pflegern ein schlechtes Gewissen vermitteln. Andere bleiben lieber in der Opferrolle stecken. Sie jammern, dass es ihnen so schlecht geht, weil die anderen sie zu wenig beachten. Sie bleiben in der Opferrolle stecken und bewirken so in den anderen Schuldgefühle. Sie merken gar nicht, wie sie in ihrer Opferrolle Macht ausüben auf ihre Umgebung. Ein Freund, der ein Psychologenteam leitete, erzählte mir von einer Kollegin, die sich immer als Opfer fühlte und damit das ganze Team tyrannisierte.

Die subtilste Art der Machtausübung ist die sogenannte emotionale Erpressung. Da sagt ein Mann zu seiner Frau, die ihre beste Freundin einmal für zwei Tage besuchen möchte: »Da werde ich krank.« Oder noch schlimmer: »Du musst dich entscheiden zwischen ihr und mir.« Die schlimmste Form der emotionalen Erpressung ist die Drohung, Suizid zu begehen. Ein Mann erzählte mir, in seiner Kindheit drohte die Mutter immer mit Suizid, wenn die Kinder nicht brav genug waren.

Macht des Gebets und der Liebe

Gegenüber all diesen negativen Formen, Macht auszuüben, sollten wir uns immer wieder auf die Macht besinnen, die Gott jedem von uns geschenkt hat. Denn wir haben immer die Macht, aktiv auf die Situationen zu reagieren, in die wir gestellt sind. Wir können uns von den negativen Nachrichten über die Kriege lähmen lassen, oder wir können aktiv reagieren. Eine Form, aktiv zu reagieren, ist das Gebet. Solange wir beten, hoffen wir. Und Hoffnung hält uns wach und lebendig. Eine andere Form aktiv zu reagieren wäre: eine versöhnende Sprache zu sprechen, so dass ich in meinem Umfeld zum Frieden beitrage. Bei der Begleitung von schwerkranken Menschen wäre eine gute Machtausübung, sich nicht lähmen zu lassen von ihrem Leid, sondern ihnen zuhören, sie immer wieder zu fragen, was ihnen dabei helfen könnte, was ihnen Hoffnung vermittelt. Wenn ich mich im Gespräch mit einem todkranken Menschen lähmen lasse, helfe ich ihm nicht weiter. Die Macht der Liebe, die ich ihm entgegenbringe, kann ihn verwandeln. Oder auch die Macht der Worte, wobei diese Worte nicht vertröstend sein dürfen, sondern Worte, die aufrichten, die im andern Kraft hervorlocken, die in ihm Leben wecken.

Wenn wir über Macht und Ohnmacht nachdenken, sollen wir nicht nur die große Politik ins Auge fassen, sondern in unserem Alltag schauen, wo wir Macht und Ohnmacht erfahren. Und wir sollten uns immer für die Macht entscheiden, für die Fähigkeit, etwas zu bewirken, aktiv auf etwas reagieren zu können. Und wir sollten auf die Macht vertrauen, die uns Jesus verliehen hat: die Macht des Gebets, die Macht der Liebe, die Macht, die aus dem Sein kommt. Es geht dann nicht darum, Methoden der guten Machtausübung zu lernen, sondern Macht zu sein. Wir sind Macht, wenn wir wie Jesus aus dem Sein heraus leben, sprechen und handeln.

Pater Dr. theol. **Anselm Grün** ist Benediktinermönch in der Abtei Münsterschwarzach. Er studierte Philosophie und Theologie sowie Betriebswirtschaftslehre. Er ist einer der bekanntesten spirituellen Autoren im deutschsprachigen Raum, Referent, Führungskräftetrainer und Exerzitienmeister.

Kontakt: Anselm.Gruen@Abtei-Muensterschwarzach.de

Macht und Ohnmacht an der Bettkante einer Sterbenden

Christina Gerlach

Sie saß an Tante Linas Bett. Zwischen ihrem Stuhl und Linas Bettkante eine Spalte, die sie mit ihren Gedanken über die Ohnmacht angesichts des Lebensendes füllte. Einer nach dem anderen, mancher jung, nur ein paar Tage alt, andere schwarz und staubig aus den Besenkammern des Vergessens, von aufdringlichen Erinnerungen unterm Türspalt rausgedrückt.

Lina hatte in diesem Winter ihren 91. Geburtstag gefeiert. »Aber das ist jetzt wirklich das letzte Mal«, hatte Lina gesagt. Froh über den Besuch von Kindern und Schwiegerkindern, Enkeln und Urenkelinnen – aber niemand mehr vom »Jahrgang« und 365 lange Tage und Nächte bis zum nächsten Mal. Dabei hatte sie gedacht »ich wäre nicht überrascht, wenn du Recht behältst, liebe Lina, aber traurig«. Alle paar Wochen telefonierten sie. Meistens rief Lina sie an und durchbrach ihren atemlosen Alltag mit dem Gefühl glücklicher Kindheit und ewiger Verbundenheit. Es waren mehr Wochen zwischen den Telefonaten geworden. »Also sowas, ich weiß deine Nummer nicht mehr«, seit ein paar Wochen konnte sie auch nicht mehr lesen. Aber sie, sie wusste Linas Nummer noch, dieselbe, »mein ganzes Leben lang hast du dieselbe Telefonnummer gehabt, liebe Tante Lina. Meine Augen sind noch gut, aber sie haben nicht in deine Richtung geblickt«.

Linas Atem ging ein wenig schneller – dann wieder langsam, gar nicht? Von vorne. Der Mund geöffnet, ein bisschen Riesling aus der Sprühflasche, Wegzehrung auf der Überfahrt.

Die dauerte jetzt schon sechs Wochen. Eines Morgens war sie nicht ans Telefon gegangen, der Schwiegersohn fand sie bewusstlos im Flur liegend, zitternd, durstig, verwirrt. Notaufnahme, EKG, Röntgen, Labor, MRT von Kopf bis Fuß, EEG. Nichts, also medizinisch, außer einem gebrechlichen Körper. Kurz war Tante Lina wach geworden, zerknirscht, »warum lasst ihr mich nicht gehen?«. Lina hatte vorgesorgt. Zwanzig Jahre lang hatte sie ihren Mann gepflegt. Aber ihre härteste Prüfung war Katrins Tod gewesen. »Das eigene Kind zu verlieren, ist das Schlimmste, egal wie alt du wirst.« Ein hinterhältiges Pankreaskarzinom hatte Katrin das Leben erst zur Hölle gemacht und dann Lina die Tochter geraubt. Natürlich hatte Lina eine Patientenverfügung!

Linas Gesicht ist vollkommen entspannt. Gepflegte Haut, auf die sie stolz gewesen wäre, wenn es ihr ihre Erziehung erlaubt hätte. Das Hämatom vom Sturz auf der fast faltenfreie Stirn ist gelb wie eine Spätsommerwiese, auf dem Nasenrücken ein kleines Basaliom. Das Gesicht verbirgt das Alter der Besitzerin eben doch nicht.

Holger hat seine Mutter in die Klinik begleitet. In der Notaufnahme wurde er eingehend befragt, was war passiert, wie war die letzte Zeit?, seine Kontaktdaten wurden aufgenommen. Holger meinte lachend »wie beim Verhör. Ich dachte, gleich fragen sie noch ›Hatte Ihre Mutter Feinde?‹ – ja, das Alter«. Die Klinik gab Holger Sicherheit. Hier war sie gut versorgt. In den letzten Monaten hatten er, seine Frau und seine Schwägerin sich zwischen Arbeit und Enkelversorgung bei der Unterstützung der Mutter nach Wochentagen und Routineaufgaben abgewechselt – und zusehends zerrissen. Viele schöne Momente, geteilte Erinnerungen, aber auch die Vernachlässigung der eigenen Bedürfnisse und die Ohnmacht, die Mutter so bedürftig zu sehen. Wenige Tage vor Linas häuslichem Sturz hatten sie den Umzug in ein Seniorenheim besprochen – die Stimmung war danach gekippt. Sobald es Lina besser ging, wollte sich Holger mit seiner Mutter aussprechen.

Lina hatte früh im Leben ihre Eltern verloren, gleichwohl war sie durch diese wie alle weiteren Lebenskrisen und Schicksalsschläge ein tiefgläubiger Mensch geblieben. Die Klinikseelsorgerin klopft an. Auf der Intensivstation gab es keine Seelsorgenden – warum eigentlich nicht? Segen über bunte Vitalzeichenkurven, Psalme hängen gut zwischen den Infusionsleitungen, Gebete, die neben Alarmen klingen.

Nach zwei Wochen bat Holger um ein Gespräch mit dem Arzt. Immer mehr Schläuche hingen an seiner Mutter, aber versöhnen hatte er sich noch immer nicht mit ihr können. Lina schlief. Und wurde immer weniger. Sie drei wechselten sich auch weiter ab mit den Besuchen und dem Schuldgefühl. Warum hatten sie Lina nur allein gelassen, warum mit dem Altenheim konfrontiert. Der Arzt war zuversichtlich, weitere Untersuchungen, auch wenn der Zustand medizinisch schwer erklärbar sei, sein klinisches Gefühl sage ihm, das wird wieder. Der Arzt blieb zuversichtlich, auch

AI generated / Shutterstock

nach sechs Wochen. Steffi und Tanja wollten es genauer wissen: Was wird denn wieder? Kommt ein alter Mensch nach so vielen Wochen wieder auf die Füße, auf denen er vorher schon nicht mehr zu stehen vermochte? Hatten sie nicht genau das Bild vor sich, von dem sie Lina hatten versprechen müssen, dass sie darin niemals vorkommen würde? »Warum lasst ihr mich nicht gehen?« Von einer Unabwendbarkeit des Sterbeprozesses könne nicht die Rede sein, meinte der Arzt, höchstens, wenn man sie von der Intensivstation nimmt. »Sie haben das Leben Ihrer Mutter in der Hand«, drunter ging's wohl nicht. Alle Macht an Holger?

Linas Atem war in ein leichtes Seufzen übergegangen, die Stirn gerunzelt. Umlagern. So war es besser.

Erst jetzt hatte Holgers Schwägerin daran gedacht, sie, die Palliativmedizin-Nichte anzurufen. Der Arzt hatte gesagt, »natürlich halten wir uns an die Patientenverfügung, aber ... warum kommen sie erst jetzt damit, ... wir haben nun schon so viel Energie in die Rettung dieses Lebens hereingesteckt ... Menschen ändern oft ihre Einstellung, wenn sie wirklich lebensbedrohlich erkrankt sind ... lassen Sie es uns doch nochmal versuchen.«

Lina wirkte ganz klein, verschwindend, aber da. Ein würdiges Bild. Nun in einem ruhigen, warmen Raum, bequem in einem schönen Bett. Sie ist umsorgt, die, die immer für alle anderen gesorgt hat. Der Arzt auf der Intensivstation hatte Holger und den beiden Frauen mit Nachdruck gesagt: »Sind Sie sicher? Auf der Palliativstation, da wird dann nichts mehr gemacht.« So sah es nicht aus. Hier saßen sie nun am Bett der Mutter, Schwiegermutter, Tante und Oma, die sie auf diesen Weg im Leben gebracht hatte.

Natürlich war sie nach Holgers Anruf sofort in den Zug gestiegen, vier Stunden in die Heimat gen Süden. Was machen wir eigentlich, fragte sie sich. Vierzig Jahre Palliativmedizin in Deutschland, fünfundzwanzig Jahre Lehrstühle für Palliativmedizin, mehr als zehn Jahre Palliativmedizin im Medizinstudium. Öffentliche Diskussionen über Hospiz- und Palliativversorgung, Sterbehilfe, den demografischen Wandel. Mangelndes Wissen kann es also nicht sein, was uns den Blick verschleiert. Ist es die Ohnmacht selbst vor dem Lebensende, Emotionen, die den Verstand kidnappen und uns nicht erkennen lassen, wenn ein Mensch stirbt?

Der Kollege auf der Intensivstation hat zur Aufgabe, Leben zu retten, gleichzeitig muss er in der Lage sein, rechtzeitig zu erkennen, wenn dieses Unterfangen aussichtslos ist. Soweit zur Professionalität. Dazu gehören eine Restunsicherheit und der Respekt, sich nicht zum Herrscher über Leben und Tod zu ermächtigen. Wird das öfter im Sinne des Respekts vor verfrühtem Beenden von lebenserhaltenden Maßnahmen verstanden als Respekt vor dem Schaden, der durch eine schlechte Sterbebegleitung Patienten und Angehörigen zugefügt wird? Auch der Kollege auf der Intensivstation ist nicht nur Arzt, sondern auch jemand wie Sohn, Enkel, Neffe, Schwiegersohn, Partner, Freund. Und sterblich. Es wird ihm also sicher nicht gleichgültig sein, wie ein Mensch stirbt.

Mit Lina hatte sie oft über ihre Arbeit gesprochen. Lina hatte ihr ein Foto von sich und ihrer besten Freundin geschenkt, beide lachend am Rollator in der Kirschblüte unterwegs. »Das kannst du für deine Studenten verwenden. Sieht man uns alten Schachteln an, dass wir dem Tod schon auf der Schippe sitzen?«

...

Über die Spalte voller Gedanken zwischen Stuhl und Bettkante reichte ihr Arm und sie hielt Linas Hand – oder hielt Lina die ihre?

Dr. med. **Christina Gerlach** MSc ist Ärztin und arbeitet am Universitätsklinikum Heidelberg. Ihr Forschungsschwerpunkt liegt in der Integration palliativmedizinischer Versorgung von Patient:innen und Angehörigen, vor allem in der Hämatoonkologie. Sie unterrichtet Medizinstudierende im Querschnittsbereich Palliativmedizin und zur professionellen Identitätsentwicklung und ist in der außeruniversitären Aus- und Weiterbildung aktiv. Für die Deutsche Gesellschaft für Palliativmedizin ist sie ehrenamtlich unter anderem als Co-Sprecherin der Sektion Ärztinnen und Ärzte tätig.

Kontakt: christina.gerlach@med.uni-heidelberg.de

Mütter des Widerstands

An Irans Gräbern – Wenn aus Ohnmacht Macht entsteht

Golrokh Esmaili

Am 11. Februar 2025 versucht Nahid Shirpishe sich im Gefängnis das Leben zu nehmen. Ihr Sohn Pouya Bakhtiari wurde 2019 während der Proteste im Iran erschossen. Seit Monaten sitzt sie nun im Gefängnis. Sie wurde verhaftet, weil sie öffentlich Gerechtigkeit für ihren Sohn forderte. Anstatt ihr nach ihrem Suizidversuch medizinische Hilfe zukommen zu lassen, wurde sie in Einzelhaft verlegt. Seitdem ist sie im Hungerstreik – ein verzweifelter Protest gegen ihre Haftbedingungen und die Missachtung ihrer Menschenrechte. Sie gehört zu den Müttern des Widerstands.

Die sogenannten Mütter des Widerstands verabreden sich heimlich auf Friedhöfen. An den Geburtstagen ihrer Kinder tragen sie Geburtstagskuchen mit Kerzen zu den Gräbern. Zum Neujahrsfest dekorieren sie diese, und an jedem anderen Feiertag werden Blumen und Luftballons für die ermordeten Kinder gekauft und die Gräber geschmückt. Irans Mütter – Frauen –, denen es von den Mördern ihrer Kinder verboten wird, in der Öffentlichkeit um ihre getöteten Kinder zu trauern, suchen sich Wege, um gegen das Islamische Regime Irans zu kämpfen und Gerechtigkeit für ihre Kinder einzufordern. Laut und unerschrocken werden sie unfreiwillig zu den sogenannten »Müttern des Widerstands«.

Gerechtigkeitssuchende Mütter

»Eines Tages wird der Schmerz der Mütter, der Klang ihrer Schreie, den Wandel bringen.« Diese Worte von Akram Neghabi, einer Widerstandsmutter, stehen sinnbildlich für den jahrzehntelangen Kampf iranischer Frauen, die für Gerechtigkeit und Freiheit eintreten. Die gerechtigkeitssuchenden Mütter (persisch: مادران دادخواه) sind Frauen, deren Kinder bei Protesten im Iran von Handlangern der iranischen Regierung getötet wurden. Sie trauern nicht nur um ihre verlorenen Kinder, sondern fordern Rechenschaft, stellen sich gegen das repressive Regime und riskieren ihre eigene Freiheit, um die Erinnerung an die Opfer lebendig zu halten, ihren Kampf um ein freies Land fortzuführen und die Täter zu finden. Weil sie nicht auf der Straße protestieren dürfen, werden die Gräber zu Orten, an denen sie sich treffen, austauschen und gegen die Mörder ihrer Kinder kämpfen.

Die Entstehung der Bewegung

Der Begriff »gerechtigkeitssuchende Mütter« entstand nach den blutigen Aban-Protesten im November 2019, bei denen innerhalb weniger Tage Hunderte Demonstrierende getötet wurden. Die Mütter dieser Opfer fanden zueinander, organisierten sich, erzählten ihre Geschichten öffentlich und schlossen sich zusammen, um gemeinsam Gerechtigkeit zu fordern. Der Kampf der gerechtigkeitssuchenden Mütter fing bereits kurze Zeit nach der Islamischen Revolution 1979 an. Und hält seit Jahrzehnten an.

Bereits in den 1980er Jahren formierte sich Widerstand unter Müttern, insbesondere nach den Massenhinrichtungen von 1988, bei denen zwischen 3.000 und 10.000 politische Gefangene innerhalb weniger Monate hingerichtet wurden. Die genaue Zahl ist unbekannt. Die sogenannten »Khavaran-Mütter« suchten verzweifelt nach In-

Leidfaden, Heft 3 / 2025, S. 28–32, ISSN (Printausgabe): 2192-1202, ISSN (online): 2196-8217, © 2025 Vandenhoeck & Ruprecht

Pixabay

formationen über das Schicksal ihrer Kinder, deren Leichen nie an die Familien zurückgegeben wurden. Der Khavaran-Friedhof im Südosten Teherans, eine unmarkierte Massengrabstätte für Regimegegner:innen, wurde zum symbolischen Ort ihres Kampfes.

Auch nach den Protesten der Grünen Bewegung 2009, bei denen zahlreiche Demonstrierende durch Sicherheitskräfte getötet wurden, bildeten sich Gruppen wie die »Mütter vom Laleh-Park«, die öffentlich Gerechtigkeit forderten und an die Opfer erinnerten.

Eine bekannte Mutter aus dieser Bewegung ist Hajar Rostami Motlagh, die Mutter von Neda Agha Soltan. Das Video von Nedas Todesumständen ging damals über YouTube viral und wurde der bis dahin am häufigsten bezeugte Tod der Menschheitsgeschichte. Neda war 26 Jahre alt, als sie im Sommer 2009 an den Protesten teilnahm und dabei erschossen wurde. Hajar geht jedes Jahr an Norouz an Nedas Todesstelle und küsst den Boden, auf dem ihre Tochter gestorben ist. Ihr schließen sich immer Menschen an, da Nedas Bekanntheit sie zu einer Art Märtyrerin gemacht hat. Diese Versammlungen werden Jahr für Jahr gewaltsam aufgelöst. Teilnehmende werden festgenommen.

Die Gewalt gegen Mütter und ihre Kinder

Ein Teufelskreis: Das Regime versucht die Proteste und Demonstrationen brutal aufzulösen und zu unterdrücken, sorgt mit den vielen Toten dafür, dass es immer mehr gerechtigkeitssuchende Mütter gibt. Sie töten die Kinder und vergessen die Mütter, die sich in ihrer Trauer und Verzweiflung zusammenschließen. Um diese Bewegung zu zerschlagen, sind in den letzten Jahren immer mehr gerechtigkeitssuchenden Mütter Opfer brutaler Repression geworden. Die Proteste von 2017 bis heute forderten Hunderte, wenn nicht Tausende Opfer. Und trotzdem: Seit den landesweiten Protesten nach der Ermordung von Jina (Mahsa) Amini im September 2022 ist die Bewegung der Mütter sichtbarer und entschlossener denn je.

Viele der Getöteten erhalten keine würdige Bestattung. Ihre Leichen lässt man verschwinden, sie werden unmarkiert verscharrt oder den Familien erst nach tagelanger Erpressung übergeben. Einige Mütter wissen bis heute nicht, wo ihre Kinder begraben liegen. Ein Abschied ist nicht möglich. Andere erhielten gefälschte Totenscheine, die als offizielle Todesursache »Suizid« oder »Krankheit« angeben. Sie müssen Zwangsgeständnisse unterschreiben, um ihre hinterbliebenen Kinder zu schützen. Angehörige werden durch Repressionen und großen Druck mürbe gemacht.

Eine der Mütter des Widerstands ist Mahmonir (Zeynab) Molaei-Rad. Ihr neunjähriger Sohn Kian Pirfalak wurde 2022 im Auto erschossen. Aus Angst, dass die Sicherheitskräfte ihr den Leichnam wegnehmen könnten, fuhr sie mit ihrem toten Kind umher, sammelte Eis, um ihn zu kühlen, und bewahrte ihn bis zur Beerdigung zu Hause auf. Die Familie bestattete ihn schließlich selbst in ihrem Dorf. Zur Beerdigung kamen unzählige Menschen. Am ersten Jahrestag seines Todes versammelten sich erneut Hunderte von Menschen. An diesem Tag wurde Mahmonirs Cousin von den Schergen des Regimes erschossen. Molaei-Rad war über die sozialen Medien sehr aktiv. Sie sprach öffentlich, postete Bilder und setzte sich unermüdlich dafür ein, den Mörder ihres Kindes zu finden. Damit die Menschen endlich Ruhe geben, wurde ein unschuldiger Mann, Mojahed Kourkour, verhaftet und zum Tode verurteilt. Seine Hinrichtung kann jeden Moment vollstreckt werden.

Doch Zeynab und ihr Mann – der damals so schwer verletzt wurde, dass er erst nach drei Monaten vom Tod seines Sohnes erfuhr – trafen sich mit der Mutter des zu Tode verurteilten Mannes. Die Mütter erklärten öffentlich Seite an Seite, dass Mojahed Kourkour nicht der Mörder von Kian Pirfalak ist, sondern ein Basiji. Die Basiji ist eine paramilitärische Miliz im Iran, die dem Regime der Islamischen Republik untersteht und vor allem für die Unterdrückung von Protesten, die ideologische Kontrolle der Bevölkerung und die Unterstützung der Revolutionsgarde (IRGC) bekannt ist. Kians Eltern haben dem Mörder selbst in die Augen gesehen, bevor er ins Auto schoss. Neben ihrem Sohn verlor Zeynab, die seit über einem Jahr unter Hausarrest steht, auch ihre Existenz: Sie wurde als Lehrerin entlassen und verlor ihre Wohnung. Mittlerweile wurde ihr Social-Media-Konto gelöscht, und sie ist nicht mehr öffentlich sichtbar. Ihre Familie wurde bedroht und gewarnt, sich nicht weiter zu engagieren.

Repression und Widerstand

Die Islamische Republik hat Angst vor diesen trauernden Müttern, da ihre Geschichten mächtiger sind als jede Propaganda. Über die sozialen Medien gehen sie an die Öffentlichkeit, teilen die Geschichten ihrer Kinder, prangern die Morde an und fordern, dass die Verantwortlichen zur Rechenschaft gezogen werden. Sie verlangen nicht nur Gerechtigkeit, sondern auch den Sturz der Islamischen Republik und die Etablierung einer säkularen Gesellschaft. Sie werden verhaftet, gefoltert und zu langen Haftstrafen oder Peitschenhieben verurteilt. Ihre Treffen auf Friedhöfen werden von Sicherheitskräften brutal unterbunden, ihre Konten auf den sozialen Medien gelöscht und ihre Bewegungsfreiheit wird eingeschränkt. Und trotzdem suchen und finden sie neue Wege weiterzumachen. Sie schicken ihre Kinder, wenn möglich, ins Ausland, um ihren Kampf weiter fortsetzen zu können. Denn auch die Geschwister der ermordeten Kinder werden bedroht, inhaftiert und gefoltert.

Die Kraft der Erinnerung

In einer Gesellschaft, in der das Vergessen systematisch erzwungen wird, wird das Erinnern zu einem Akt des Widerstands. Die Mütter des Widerstands halten die Erinnerung an ihre Kinder lebendig. Sie schreiben Briefe, sprechen mit Journalist:innen, gründen Initiativen und vernetzen sich mit Menschenrechtsorganisationen weltweit. Sie lösen sich aus der Ohnmacht des Unrechts und finden gemeinsam in eine Macht, die stärker als jede Unterdrückung ist.

Geschichten des Mutes und des Widerstands

Ein eindrucksvolles Beispiel für diesen Mut ist die iranische Künstlerin und Widerstandsmutter Shole Pakravan. Ihre Tochter, Reyhaneh Jabbari, wurde 2014 hingerichtet, nachdem sie wegen Mordes an einem Mann verurteilt worden war, der versucht hatte, sie zu vergewaltigen. Sieben Jahre lang hat sich Shole Pakravan für die Freilassung ihrer Tochter eingesetzt. Sie kämpfte – Tag für Tag. Und trotz ihres Kampfes und trotz internationaler Proteste wurde das Urteil vollstreckt und Reyhaneh hingerichtet. Seitdem setzt sich Pakravan, die seit 2018 in Berlin lebt, unermüdlich für die Rechte von Frauen und gegen die Todesstrafe ein. Mittlerweile tut sie dies von Berlin aus und vernetzt die Mütter im Iran unter- und miteinander.

Trauerbegleitung in Zeiten der Flucht

Shole Pakravan verarbeitet ihre Trauer, indem sie die Mütter des Widerstands aus Holz schnitzt, und setzt damit ein Mahnmal. Sie selbst ist 2018 die nach Berlin geflüchtet und steht stellvertretend für viele iranische Mütter, die gezwungen waren, ihr Land zu verlassen, um dem repressiven Regime zu entkommen. Ihre Flucht bedeutet nicht nur den Verlust der Heimat, sondern auch eine tiefe Trauer, die sie mit sich trägt – um ihre Kinder, um das, was war, und um das, was hätte sein können.

In den letzten Jahren kommen immer mehr Menschen nach Deutschland, die nicht nur ihre Existenz, sondern auch Angehörige, Freund:innen und die Hoffnung auf ein Leben in Freiheit zurücklassen mussten. Die Zahl der traumatisierten Geflüchteten wächst – und mit ihr die Notwendigkeit, die Trauerbegleitung kultursensibel weiterzuentwickeln. Trauer nach dem Verlust eines geliebten Menschen ist eine universelle Erfahrung, die aber nicht überall gleich erlebt wird. Der Umgang mit der Trauer und das Ausleben der Trauer sind tief mit kulturellen Traditionen, Ritualen und sozialen Strukturen verbunden. In vielen Herkunftsländern von Geflüchteten gibt es kollektive Trauerformen, die in Deutschland kaum Beachtung finden. Zudem tragen viele geflüchtete Menschen multiple Verluste in sich: den Verlust von Familienmitgliedern durch Krieg und Repression, den Verlust ihrer kulturellen Identität und oft auch den Verlust der Möglichkeit, ihre Trauer in gewohnten Strukturen zu verarbeiten.

Für Trauerbegleiter:innen bedeutet das eine besondere Herausforderung: Sie müssen nicht nur die individuellen Trauerprozesse begleiten, sondern auch ein Bewusstsein für interkulturelle Trauer und Traumata entwickeln. Sprach-

Foto: Rautenstrauch-Joest-Museum

Holzskulpturen aus der Ausstellung »Mütter des Widerstands. An Irans Gräbern« im Rautenstrauch-Joest-Museum

NOCH

Noch sind sie da,
- die Kartoffeln, die du gekauft hast,
- die Suppe, die du eingefroren hast,
- die Handtücher, die du gefaltet hast,
- die Creme, die du benutzt hast,
- die Schokolade, die du geliebt hast,
- der Wein, den du gekühlt hast,
- die Blumen, die du gepflanzt hast,
- die Bücher, die du arrangiert hast.

Was, wenn sie
- gekocht,
- aufgegessen,
- benutzt,
- leer,
- genascht,
- getrunken,
- verwelkt,
- ausgelesen

sind?

Bin ich dann allein?

barrieren, Misstrauen gegenüber Behörden und fehlende Netzwerke verstärken die Isolation vieler trauernder Geflüchteter und Menschen mit Migrationsgeschichte. Hier braucht es Räume, die Schutz und Verständnis bieten – Orte, an denen Menschen unabhängig von ihrer Herkunft ihre Trauer ausdrücken dürfen, ohne Angst vor Stigmatisierung oder Unverständnis.

Die Mütter des Widerstands im Iran zeigen, wie wichtig das Erinnern und das Teilen von Trauer für die Verarbeitung von Verlusten ist. Ihre Rituale des Gedenkens, ihre Kraft in der Gemeinschaft und ihr unermüdlicher Kampf für Gerechtigkeit können auch in der Trauerbegleitung von geflüchteten Menschen eine Rolle spielen. Denn Trauer endet nicht mit der Flucht – sie reist mit. Und sie braucht Raum, um gehört und gewürdigt zu werden.

Die Hoffnung nicht aufgeben

Shahnaz Akmali, eine weitere Mutter des Widerstands, deren Sohn Mostafa Karimbeigi 2019 bei Protesten erschossen wurde, besucht Shole Pakravan in Berlin. Sie wird wieder zurück in den Iran reisen, weil sie ihrem Sohn nah sein möchte und aus dem Land heraus für Gerechtigkeit kämpfen möchte. Auch sie war im Gefängnis und wurde damals zu einer einjährigen Haftstrafe verurteilt. Auf die Frage, wie Menschen im Ausland die Mütter des Widerstands unterstützen können, antwortet sie: »Seid laut. Nutzt eure Stimmen, seid unsere Stimmen. Erzählt die Geschichten unserer getöteten Kinder.« Auf die Frage hin, ob sie den Mördern ihres Sohnes vergeben kann, sagte sie: »Ich vergesse nicht, aber ich vergebe. Ansonsten geht die Gewaltspirale weiter. Ich vergebe, aber ich möchte, dass die Mörder unserer Kinder vor ein Gericht gestellt und rechtmäßig verurteilt werden.« Erst dann erfahren wir Gerechtigkeit. Sie holt ein DIN-A4-großes Bild ihres Sohnes heraus und sagt: »Ich habe Mostafa immer bei mir. Er hätte noch so viel von der Welt sehen sollen. Nun begleitet er mich auf meinen Reisen.«

Die Mütter des Widerstands haben ihre Kinder verloren, aber nicht ihre Hoffnung. Ihre Trauer wurde zur Kraft, ihr Schmerz zur Bewegung – und ihr Widerstand zur größten Bedrohung für das Regime. Ihr Kampf ist nicht vorbei – er wird weitergetragen, von Generation zu Generation, bis die Regierung fällt.

Aktuelle Infos: www.instagram.com/free_human

Golrokh Esmaili ist Journalistin, Social-Media-Managerin und Trauerbegleiterin mit interkulturellem Schwerpunkt. Sie begleitet Menschen, die durch einen gewaltsamen Tod eine nahestehende Person verloren haben. Sie ist Gründerin des Trostteams (www.trostteam.org, www.instagram.com/trost_team) und als Referentin mit dem Schwerpunkt interkulturelle Trauer tätig. Darüber hinaus engagiert sie sich als Menschenrechtsaktivistin und kuratiert Kunst- und Filmprojekte, die gesellschaftlich relevante Themen beleuchten und Räume für Austausch und Reflexion schaffen.

Kontakt: golrokh@trostteam.org

Mächtig ohnmächtig

Am Lebensende fern der Heimat

Asita Behzadi und Elizabeth Schmidt-Pabst

Schwerstkrank fern der Heimat

Stellen Sie sich vor, Sie kommen aus einem Land, in dem die Gesundheitsversorgung nur rudimentär ist. In Ihrem Herkunftsland gibt es weder verlässlich lebenswichtige Medikamente noch eine stabile Versorgungsstruktur. Vielleicht hat nur ein Bruchteil der Bevölkerung aufgrund von Armut, Krieg oder fehlenden Infrastrukturen Zugang zu Angeboten des Gesundheitswesens. Es herrscht eine hohe Sterblichkeitsrate und Sie wissen, wer krank ist, wird es oft nicht überleben. Und nun stellen Sie sich vor, Sie sind nach Deutschland gekommen. In ein Land, in dem im Jahr 2022 pro Person 7.680 Euro für die Gesundheit ausgegeben wurden. Zum Vergleich: In Indien waren es lediglich 200 Euro pro Person (Statista, 2025). Vielleicht sind Sie wegen einer medizinischen Behandlung nach Deutschland gekommen oder Sie haben erst hier die Diagnose erhalten: schwerstkrank, unheilbar.

Wie mag es Ihnen damit angesichts der schier unendlich wirkenden Möglichkeiten des deutschen Gesundheitswesens gehen? Möglicherweise betrachten Sie Deutschland als das Disneyland der Maximalmedizin. Wie geht es Ihnen dann, wenn die Ärztinnen und Ärzte sagen: »Es tut uns leid, wir können Sie nicht heilen«? Welche Enttäuschung erleben Sie, wenn die westliche Medizin sich nicht als das Allheilmittel herausstellt; wenn Sie erkennen, dass die Ärztinnen und Ärzte doch nicht die Macht haben, Sie zu heilen, wie Sie glaubten, sich wünschten, erträumten? Oder vielleicht sind Sie Angehörige und haben für den Aufenthalt und die Begleitung Ihrer schwerstkranken Liebsten all Ihren Besitz verkauft, Ihre Arbeit aufgegeben, Freunde und Familie hinter sich gelassen. Nun erfahren Sie, dass er oder sie hier doch nicht geheilt werden kann, sondern sterben wird.

All das sind Erfahrungen von Menschen mit Flucht- und Migrationsgeschichte im deutschen Gesundheitswesen.

Mächtigkeit, Machtlosigkeit und Machtblindheit von Behandelnden

Wie geht es den Versorgenden, Pflegenden, Beratenden und Betreuenden in diesen und ähnliche Situationen? Viele Erwartungen, Hoffnungen und Träume werden in Sie gesetzt. Die Menschen, die ihre Familie, Heimat, die so vieles hinter sich gelassen haben, um in Deutschland ein gutes Leben zu beginnen oder Heilung zu erfahren, sind verzweifelt. Vielleicht weinen und schimpfen sie, fordern, dass Sie weitere Infusionen, Vitamine, Antibiotika geben, irgendetwas, alles, Hauptsache Sie tun etwas! Als Versorgende/Behandelnde wissen Sie, dass diese Maßnahmen keine Heilung herbeiführen werden. Sie sind mit der Ohnmacht und Hilflosigkeit der Erkrankten und Angehörigen konfrontiert und auch mit Ihrer eigenen Hilflosigkeit, weil all Ihr Tun, Ihre Bemühungen an der palliativen Situation nichts ändern. Als Behandelnde haben Sie viel medizinisches Wissen, materielle Ressourcen, Entscheidungsmacht und -verantwortung, doch angesichts des eintretenden Todes sind Sie machtlos.

Nicht nur die Macht- und Hilflosigkeit in palliativen Erkrankungssituationen, sondern auch die Verkennung der eigenen machtvollen Position der Behandelnden beeinflusst die Behandlung von Menschen mit Flucht- und Migrationsgeschichte. Dieser Einfluss geht weit über die bekannte Ärztin-Patientin-Asymmetrie hinaus. Als Behandelnde kennen Sie die Gesundheitsversorgungsstrukturen und sind insgesamt vertraut mit üblichen Praktiken in Deutschland. Sie haben einen sicheren Aufenthalt und Sie sprechen Deutsch. Das betrifft nicht nur Ärztinnen und Ärzte, auch Pflegende und andere Berufsgruppen sind damit machtvoll und sich gleichwohl ihrer Macht und Überlegenheit in dieser Situation nicht immer bewusst. Zusätzlich zu dieser Machtblindheit können diskriminierende Handlungen und rassistische Äußerungen die Asymmetrie in der Begegnung verstärken.

Anspruch einer hospizlich-palliativen Versorgung kollidiert mit der Lebensrealität von Menschen mit Flucht- und Migrationsgeschichte

Ohnmachtsgefühle entstehen bei Versorgenden/Behandelnden auch dann, wenn die eigenen Ansprüche an die Versorgung nicht erfüllt werden (Müller et al., 2009). Die Erfüllung von (letzten) Wünschen ist einer dieser Ansprüche an eine gute und würdevolle Hospiz- und Palliativversorgung. Was tun, wenn der letzte Wunsch des schwer erkrankten, sterbenden Menschen die Rückreise an den Herkunftsort ist – auch, um dort zu sterben? Was nun, wenn diese Reise nicht möglich ist, weil zu Hause Krieg ist, es gar kein zu Hause mehr gibt oder vor Ort keine adäquate medizinische, medikamentöse Versorgung existiert? Was nun, wenn der Zustand des Erkrankten so instabil ist, dass ein Transport nicht möglich ist? Was tun, wenn diese Reise nicht möglich ist, weil sie nicht finanziert werden kann oder es gar keine gültigen Ausweisdokumente gibt? Auch die umgekehrte Wunscherfüllung klappt nicht: die Angehörigen zum Wiedersehen und zur Verabschiedung nach Deutschland holen. Mal, weil auch hier die finanziellen Ressourcen fehlen, mal, weil es im Land kein Konsulat zur Ausstellung des Visums gibt oder die Ausstellung länger dauert und der Weg nach Deutschland weit ist.

Doppelte Sprachlosigkeit ist gleich doppelte Ohnmacht

Am Lebensende kann sich die Hilflosigkeit in einer »Sprachlosigkeit« potenzieren: Zum einen ringen die Anwesenden – sowohl Erkrankte als auch Angehörige und Behandelnde – mit den richtigen Worten angesichts der Themen »Tod und Sterben«. Die Angst vor Abschied und Verlust sowie kulturelle Tabus können dazu führen, dass Gespräche stocken oder gar nicht erst stattfinden. Zum anderen entsteht eine Sprachlosigkeit ganz im wörtlichen Sinne, wenn eine gemeinsame Sprache fehlt. Im Fall einer Sprachbarriere können schwerstkranke oder sterbende Menschen ihre Wünsche, Ängste und Bedürfnis-

se nicht mitteilen und Behandelnde nicht oder nur ungenau Unterstützungsangebote formulieren und individuell anpassen.

Die daraus entstehende doppelte Ohnmacht erschwert nicht nur die medizinische und pflegerische Versorgung, sondern auch den zwischenmenschlichen Kontakt. Diese doppelte Sprachlosigkeit steht im Widerspruch zu einem zentralen Anspruch der Hospiz- und Palliativversorgung: eine individuelle Begleitung mit guter Kommunikation. Wenn nun eine gemeinsame Sprache als Brücke zwischen den Behandelnden/Versorgenden und den Schwerstkranken, Sterbenden und deren Angehörigen fehlt, können wichtige Entscheidungen zur Symptombehandlung oder über Therapieziele nicht gemeinsam getroffen werden. Auch Bedürfnisse werden dann nicht oder nur rudimentär erfasst, werden geraten oder – nicht unbedingt treffend – zugeschrieben.

Obwohl es eine Aufklärungspflicht in der Medizin gibt und obwohl bekannt ist, dass ohne den Einsatz qualifizierter Sprachmittlung[1] sowohl die Qualität der Gesundheitsversorgung als auch die Zufriedenheit aller Beteiligten leidet, wird sie in Deutschland nicht regulär finanziert. Behandlungsteams greifen daher auf informelle Lösungen zurück, zum Beispiel zufällig anwesende Reinigungskräfte, Krankentransporteure als Dolmetschende oder Google-Übersetzung. Das häufigste Arrangement ist jedoch die Übersetzung durch Angehörige und Bekannte – so es diese denn gibt bei Geflüchteten.

Untersuchungen zeigen eindeutig, dass die Qualität dieser Übersetzungsformen mangelhaft ist. Hinzu kommt die Überforderung der nichtprofessionellen Übersetzenden und der mögliche kulturelle Tabubruch (Banse et al., 2022). Situationen, in denen Familienangehörige als Übersetzende von schwerwiegenden Prognosen oder sensiblen Details der Symptome herangezogen werden, können verstören – alle Beteiligten. Angehörige fühlen sich zum Teil unter Druck gesetzt, kulturelle Normen zu brechen oder, um sie einzuhalten, das Gesagte nicht korrekt zu übersetzen. Wenn minderjährige oder junge Erwachsene als Angehörige in die Rolle des Dolmetschers gesetzt werden, kann es zu Traumata, Schuldgefühlen und starken psychischen Belastungen führen.

Ansätze der Palliative Care stoßen an Grenzen

Die Lebensrealitäten von schwerstkranken und sterbenden Menschen mit Migrations- und/oder Fluchterfahrung sind – zusätzlich zur existenziellen Belastung durch ihre Erkrankung – oft von vielfältigen Unsicherheiten, traumatischen Erfahrungen und einem prekären Aufenthaltsstatus geprägt. Betroffene haben in dieser hilflosen Situation Angst vor Abschiebung oder aber sehnen sich vergeblich nach einer Rückkehr an ihren Heimatort, leiden unter Einsamkeit oder müssen sich aus der Ferne von Angehörigen verabschieden. An-

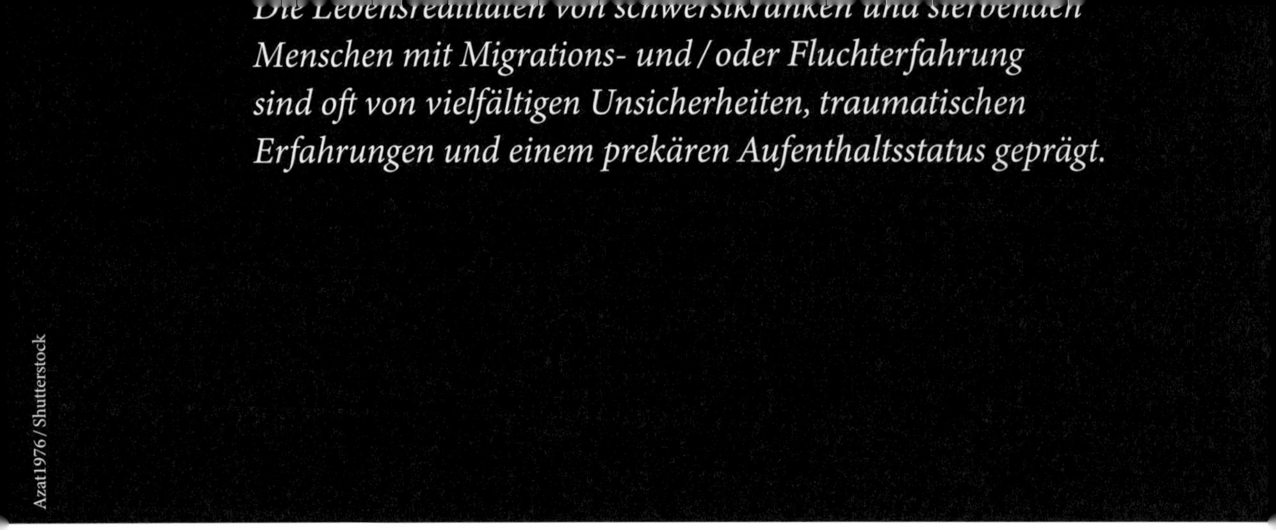

Azat1976 / Shutterstock

Die Lebensrealitäten von schwerstkranken und sterbenden Menschen mit Migrations- und / oder Fluchterfahrung sind oft von vielfältigen Unsicherheiten, traumatischen Erfahrungen und einem prekären Aufenthaltsstatus geprägt.

gehörige wiederum stehen vor der Herausforderung, in einem oft fremden System Unterstützung zu organisieren, während Fachkräfte an bürokratische und finanzielle Grenzen stoßen, wenn es um die Sicherstellung einer angemessenen Versorgung geht.

Um schwer Erkrankten eine würdevolle Begleitung zu ermöglichen, reicht es daher nicht aus, sich auf medizinische und pflegerische Aspekte zu konzentrieren. In der Hospiz- und Palliativarbeit wird mit dem Konzept des »Total Pain« bereits ein mehrdimensionaler Ansatz praktiziert, der physische, psychische, soziale und spirituelle Aspekte von Leiden gleichermaßen berücksichtigt. Doch dieser Ansatz kommt in der Behandlung und Versorgung von Menschen mit Flucht und Migrationsgeschichte an seine Grenzen (Banse et al., 2021). Die Ohnmacht entsteht, wenn wir den gesellschaftspolitischen Kontext ausklammern, oder anders gesagt: Reaktionen auf der individuellen Ebene lassen sich nur verstehen und bearbeiten, wenn wir die Bedeutung von gesellschaftlichen und sozialen Ressourcen einbeziehen (Hobfoll, 2011). Es scheint zunächst paradox: Denn nicht die Komplexitätssteigerung durch die Ergänzung der physischen, psychischen, sozialen und spirituelle Aspekte um die gesellschaftliche Ebene macht ohnmächtig, sondern vielmehr die Ausklammerung.

Untrennbarkeit von Person und Kontext am Lebensende fern der Heimat

Vielleicht fragen Sie sich jetzt, was sollen wir denn noch alles tun? Was kann ich als Pflegende, Psychologin, Sozialarbeiterin oder Ärztin ganz praktisch im Kontakt mit schwerstkranken Menschen mit Migrationsgeschichte tun? Im Aufeinandertreffen von Hilflosigkeiten bleibt es dabei: Versorgende sollten sich im Kontakt mit schwerstkranken und sterbenden Menschen ihrer Machtposition bewusst sein, zugespitzt in der Begegnung mit Geflüchteten und Menschen mit einer Migrationsgeschichte.

Lassen Sie uns daher die Stärken hospizlicher und palliativer Ansätze für die Versorgung von Menschen mit Flucht- und Migrationsgeschichte nutzen: einerseits die Würdigung des biografischen Erzählens mit einer personenzentrierten Perspektive, die schwerstkranke Menschen auch in ihrer Widerstandsfähigkeit zeigt. Andererseits das Wissen um die Kraft der interprofessionellen vernetzten Kooperation. Aus beidem wird die Untrennbarkeit von Person und Kontext, denn

eine würdevolle hospizliche und palliative Versorgung existiert nicht losgelöst von den gesellschaftlichen Rahmenbedingungen. Seien Sie sich bewusst, dass es immer wieder die »kleinen« Gesten und Dinge sind, die einen würdevollen Umgang ermöglichen. Gleichzeitig geht es darum, laut zu sagen, was im »Großen« notwendig ist. Zum Beispiel, dass eine qualifizierte Sprachmittlung kein *nice to have* ist, sondern für die Qualität der medizinischen Versorgung insgesamt, und in existenziellen Situationen im Speziellen, entscheidend ist.

Asita Behzadi ist Psychoonkologin, Fachpsychologin Palliative Care, Ethikberaterin und wissenschaftliche Mitarbeiterin der Klinik für Hämatologie, Onkologie und Tumorimmunologie der Charité – Universitätsmedizin am Campus Virchow-Klinikum in Berlin.

Kontakt: E-Mail: asita.behzadi@charite.de

Elizabeth Schmidt-Pabst, gebürtige US-Amerikanerin, lebt seit 1998 in Deutschland. Sie besitzt eine Bachelor of Science in Nursing, ist Fachkraft Palliative Care, Trauerbegleiterin und leitet den Ambulanten Lazarus Hospizdienst in Berlin (Träger Lobetal).

Kontakt: e.schmidt-pabst@lobetal.de

Literatur

Banse, C.; Behzadi, A.; Bohnhoff, F.; Günay, Y.; Hopp, S.; Jansky, M.; Lenk-Neumann, B.; Migala, S.; Pakaki, N.; Schmidt-Pabst, E. (2022). Positionspapier der DGP – AG Palliativversorgung für Menschen mit Migrationshintergrund: Sicherstellung der qualifizierten und professionellen Sprachmittlung als Voraussetzung für Chancengleichheit beim Zugang zu Leistungen der Hospiz- und Palliativversorgung. https://www.dgpalliativmedizin.de/phocadownload/220627_Sprachmittlung_Palliativversorgung_fuer_Menschen_mit_Migrationshintergrund.pdf (Zugriff am 23.03.2025).

Banse, C.; Owusu-Boakye, S.; Schade, F.; Jansky, M.; Marx, G.; Nauck, F. (2021). Der Migrationshintergrund als Grenze der Palliativversorgung am Lebensende? In: Deutsche Medizinische Wochenschrift, 146, 4, e22–e28.

Hobfoll, S. E. (2011). Conservation of resources theory: Its implication for stress, health and resilience. In: Folkman, S.; Nathan, P. E. (Hrsg.), The Oxford handbook of stress, health, and coping (S. 127–147). New York.

Müller, M.; Pfister, D.; Markett, S.; Jaspers, B. (2009). Wie viel Tod verträgt das Team? In: Schmerz, 23, S. 600–608.

Statista. Jährliche Gesundheitsausgaben pro Kopf in ausgewählten OECD-Ländern im Jahr 2022. https://de.statista.com/statistik/daten/studie/37176/umfrage/gesundheitsausgaben-pro-kopf/ (Zugriff am 23.03.2025).

Anmerkung

1 Sprachmittlung ist ein Oberbegriff für die Übertragung von Inhalten aus einer Sprache in eine andere. Darunter fallen somit auch das klassische Übersetzen und Dolmetschen. Sprachmittlung berücksichtigt zusätzlich den Aspekt der Kulturmittlung, was auch die sinngemäße Übertragung beinhaltet. Damit werden Sprachmittelnde wichtige Interaktionspartner in der Kommunikation.

Schmerzensfrauen in der Kunst

Barbara Weyandt

Leiderfahrungen sind ein elementarer Teil menschlicher Existenz. Sie können in vielerlei Gestalt über uns hereinbrechen: als Krankheiten, als erlittene Gewalt, als Exil und als Tod. Sie führen den Menschen, je nach Härte der Schicksalsschläge, in psychische Belastungssituationen von überwältigender Macht. Karl Jaspers prägte dafür den Begriff der Grenzsituationen. Mancher von uns vermag daraus gestärkt und je nach Resilienz menschlich gewachsen hervorgehen. Das wäre der Idealfall. Oftmals führen die Ausnahmesituationen jedoch in die Krise: Leiderfahrungen münden in Ohnmachtserfahrungen.

Nicht um »professionelle Seelenarbeit« wird es in diesem Beitrag gehen, sondern um die Frage, ob aus künstlerischem Tun Heilung und Linderung in Krisen erwachsen können.

Frida Kahlo

Das Paradebeispiel einer modernen Künstlerin, deren Werk aufs Engste mit erfahrenem Schmerz und Traumatisierungen zusammenhängt, ist Frida Kahlo (1907–1954). Häufig als »Meisterin der Schmerzen« apostrophiert, ist sie Ausgangspunkt für die folgenden Überlegungen zum Topos der »Schmerzensfrau«.

Wohlgemerkt: *Schmerzensfrau*, nicht Schmerzensmutter. Sehr wohl kennt die Kunstgeschichte zwar den Schmerzensmann, sein weibliches Äquivalent war aber die Schmerzens*mutter,* womit bereits eine Festlegung auf eine soziale Rolle stattfand, eine Einschränkung, die heute nicht mehr vertretbar ist.

Frida Kahlo hat in unzähligen Gemälden ihre physischen wie psychischen Leiden veranschaulicht. Aus der Vita dieser sehr populären Künstlerin sollen nur zwei entscheidende, weil wegweisende biografische Eckdaten erwähnt werden: Kahlo erkrankt im Kindesalter an Poliomyelitis und erleidet als 17-jährige Frau einen schweren Verkehrsunfall – schicksalhafte Ereignisse, die lebenslanges Leiden nach sich ziehen.

Unfall wie Krankheit setzten Kahlos ursprünglichen Plänen ein Ende. Kahlo, die Medizin studieren wollte, beginnt auf dem Krankenbett eher zufällig zu zeichnen. Als Autodidaktin setzt sie sich in den porträthaften Bildern wieder und wieder mit ihrem desolaten Zustand auseinander.

Ihr vielleicht berühmtestes Werk trägt den sprechenden Titel *»Die gebrochene Säule«* (1944). Kahlo konfrontiert den Betrachter mit einer irritierenden Mischung aus Aktdarstellung und Passionsbild. Mittig ins Bild gesetzt, und das Gegenüber unverwandt anblickend, stellt sie ihren gemarterten und von operativen Eingriffen geschundenen Körper zur Schau: Ecce Femina!

Sie gewährt uns den Blick in den vertikal geöffneten Leib, wo die Quelle des Leids angesiedelt ist: die titelgebende, von blutigen Wundrändern gesäumte Wirbelsäule in Gestalt einer ionischen Säule. Sie gibt Halt, ist aber erkennbar marode. Der nackte Oberkörper wird von einem medizinischen Stützkorsett aus weißen Bändern zusammengehalten, die Brüste sind entblößt. Ein Tuch bedeckt den Unterkörper.

Viele der im Bild verwendeten Requisiten stammen aus dem Leidschatz christlicher Überlieferung: die Nägel, mit denen sie den allzeit peinigenden Schmerz veranschaulicht, die Säule, selbst das Tuch, verweisen auf die Torturen Christi.

Mit der Verbindung von Leiden und Schönheit reiht sich Kahlo auch in die lange Tradition christlicher Märtyrerinnen ein. Entblößung und

Frida Kahlo, Die gebrochene Säule

Frida Kahlo, Die gebrochene Säule (La Columna Rota), Öl auf Leinwand, 1944, Mexiko, Museo Dolores Olmedo Patino, Mexiko-Stadt / culture-images / fai

Zurschaustellung des weiblichen Körpers gehörte zur Praxis der Marter.

Bemerkenswert für unseren Zusammenhang ist aber, dass Kahlo sich nicht nur als Leidende und Versehrte im Stile einer Schmerzensfrau präsentiert, sondern dabei keineswegs die Sinnlichkeit und Attraktivität ihres Körpers unterschlägt. Die hieratische Strenge der Figur ruft vielmehr den Eindruck von Würde und Stärke hervor. Es ist ein selbstbewusstes, gleichwohl auch tendenziell exhibitionistisches »Schaut her« und damit auch ein offensiver Akt der kreativen Selbstbehauptung.

Yoko Ono

Szenenwechsel: Eine junge Frau kniet regungslos in einem dunklen Raum auf der Bühne. Immer wieder betreten Personen die Szene. Sie rücken der Frau auf den Leib, um mit einer Schere deren Kleidung zu entfernen. Die Frau bewahrt angesichts der Situation Ruhe, doch mehrfach scheint sie mit den Tränen zu kämpfen, ohne jedoch aufzubegehren. Dies ist die Kurzfassung der Anfang der 1960er Jahre mehrfach aufgeführten Performance *»Cut piece«* von Yoko Ono (*1933), einem Meilenstein der Aktionskunst. Die Künstlerin schafft darin ein situativ verdichtetes Bild weiblicher Unterdrückungs- und Ohnmachtserfahrung. Konkret bezieht sie sich auf die starren patriarchalischen Gesellschaftsstrukturen, die der japanischen Frau vor allem regloses Gehorchen und Verharren selbst in entwürdigenden Situationen abverlangen.

Gina Pane

Anders als bei den sehr subjektiven Inszenierungen Frida Kahlos, die weitgehend in Selbstbezüglichkeit aufgehen, zielt Yoko Ono als scheinbar passive Schmerzensfrau auf gesellschaftliche Verhältnisse. Das verbindet sie mit Gina Pane (1939–1990).

Als Reaktion auf eigene Macht- und Hilflosigkeit angesichts untragbarer politischer Entscheidungen, entwickelte diese ihre Pain-Performances. Der Name ist Programm: Um die »anästhesierte Gesellschaft« aufzurütteln, setzt sie in ihren radikalen Aktionen auf echten Schmerz durch Selbstverletzung. In der Aktion *»Escalade non-anesthésiée«* (1971) kletterte sie mit bloßen Händen und Füßen eine mit scharfen Metalldornen besetzte Leiter auf und ab.

Marie Lieb,
Zelle der Frau Lieb

Die Reihe illustrer Namen ließe sich fortführen. Louise Bourgeois, Niki de Saint Phalle, Yahoi Kusama, Hannah Wilke: Alle durchlebten hoch traumatisierende Situationen, ihre Leben waren geprägt von suizidalen Ereignissen, Internierungen in psychiatrischen Spezialkliniken und Erfahrungen von Ohnmacht.

Nicht wenige der Künstler:innen reklamieren jedoch für sich Rettung durch die Kunst.

Marie Lieb, Zelle der Frau Lieb (1894), mit gerissenen Leinenstreifen gestalteter Zellenfußboden, Fotografie, 11 × 16 cm (Heidelberg Sammlung Prinzhorn, Inv.-Nr. 1771/1)

Marie Lieb

Mit der Installation von Marie Lieb betreten wir ein Randgebiet künstlerischer Gestaltung. Über Marie Lieb (1844–1917), Insassin der »Universitätsirrenklinik« Heidelberg, ist nahezu nichts bekannt. Nachruhm hat sie in zwei bemerkenswerten Fotografien erfahren, die 1894 (Archiv Sammlung Prinzhorn) aufgenommen wurden. Beide Fotos zeigen raumgreifende Bodeninstallationen, avant la lettre: Denn offiziell wird die Kunstform der »Installation« erst Jahrzehnte später erfunden.

Marie Lieb war keine Künstlerin, sie lebte als Irrenhäuslerin unter außerordentlich eingeschränkten Bedingungen, die Anstalten glichen eher Gefängnissen als Krankenhäusern. Und doch ist sie für uns ein wichtiges Beispiel künstlerischer Selbstermächtigung durch kreative Raumaneignung. Nachts belegt sie ihren Zellenfußboden mit gerissenen Stoffstreifen. Diese gewinnt sie aus der Bettwäsche, andere Materialien stehen ihr nicht zur Verfügung. Sie legt Muster von magischer Eindringlichkeit: Ornamenthaft arrangierte Sterne, blumenartige Gebilde, Skripturales. Die *Patientin* Marie Lieb wird in diesen Momenten zur *Agierenden* und hebelt kurzfristig ihre Ohnmacht aus. Sie erschafft sich erträumte Möglichkeitsräume.

Die Ärzteschaft missversteht die Tätigkeiten als »Zimmerdekoration«. Die Bodenarbeiten werden dokumentiert und beseitigt.

Samaneh Atef

Samaneh Atefs (*1989) Bilder handeln, zugespitzt formuliert, vom »Trauma, eine iranische Frau zu sein«.

Samaneh Atef: We have brought our dreams with us

Um den alltäglichen Diskriminierungen, Einschränkungen und Gewalterfahrungen zu entgehen, entscheidet sie sich bewusst, den Iran zu verlassen.[1] Die nun entstehenden Werke spiegeln nicht nur die Trauer um den Verlust der Heimat und die Sorge vor dem drohenden Selbstverlust in der Fremde eindringlich wider, sondern sind auch fruchtbare Ergebnisse dieser Selbstermächtigung.

Atef ist ausgebildete Informatikerin, künstlerisch jedoch Autodidaktin. Ihre Arbeiten sind der Outsider-Kunst zuzuordnen. Im Zeichenduktus naiv, verhandeln ihre Werke inhaltlich Themen von existenzieller Härte. Sie zeigen dabei den ornamentalen Ordnungssinn wie auch die vibrierende Unruhe vieler Outsider-Werke.

Mit *»We have brought our dreams with us«* (2020) schafft sie ein Sinnbild für die Einsamkeit des Exils. Im Mittelpunkt steht die stilisierte Gestalt einer unbekleideten Frau. In ihrer Rechten hält sie *das* Symbol des Exils, den Koffer. Aus ihren angstgeweiteten Augen strömen Tränen. Die innere Zerrissenheit der Emigrantin zeigt sich symbolisch im Bildaufbau: Während ihr Körper isoliert und angstvoll erstarrt vor der rot lodernden Fläche steht, ist ihr Kopf eingebettet in eine wolkige Erinnerungslandschaft, die dicht gefüllt ist mit aus der Ferne grüßenden Menschen. Rings um das Bild verläuft mantraartig der Satz: *»We have brought our dreams with us.«* Die Schriftzeichen neben der Hauptfigur erzählen die Geschichten weiterer Emigrantinnen.

Auch in vielen anderen Bildern finden sich Visualisierungen psychischer Grenzsituationen und der Gefährdungen durch das Exil. Bildnisse von Menschen, die hilflos zusammengekauert und in ihrer Einsamkeit in sich verkapselt erscheinen. Der erlebten Entwurzelung setzt Atef jedoch bildlich immer wieder heilsame Motive gegenüber: etwa den Pfirsichbaum als Symbol glücklicher Tage oder – pars pro toto – fragiles Wurzelgeflecht, das sich in diesem Bild aus den arabesken Tränenverläufen zart sprießend entwickelt. Auch im Körper der Frau werden zwei Zonen als Orte der Fruchtbarkeit symbolisch betont. Hier greift sie auf das Bild der Frau als Lebensspenderin zurück. Atef begegnet der psychischen Ausnahmesituation mit künstlerischer Energie.

Kunst kann heilsam sein

Die Kunst ist kein Heilmittel. Es spricht aber vieles dafür, dass es heilsam ist, vom Leidenden zum Handelnden zu werden. Kunstschaffen ermöglicht diesen Positionswechsel. Wenn auch manchmal nur temporär, wie im Fall von Marie Lieb. Die seelische Wirksamkeit des Selbstausdrucks ist unbestreitbar. Im künstlerischen Tun löst Selbstbestimmtheit Fremdbestimmtheit ab.

Die Notlage bildlich zu veranschaulichen – »die Wunde zu zeigen« – kann ein Weg zur Selbstaktualisierung sein und damit die Möglichkeit, Unabhängigkeit und Selbstbestimmung zu erlangen. Dafür sprechen die Beispiele der betrachteten Künstlerinnen.

Samaneh Atef soll das letzte Wort haben: *»Aus heutiger Sicht ist die Malerei meine Heilerin und Therapeutin gewesen und ist es noch.«*[2]

Barbara Weyandt ist promovierte Kunstwissenschaftlerin, Fachautorin und Kuratorin. Sie unterrichtet seit 2008 an der Universität Koblenz sowie seit 2011 am IKKG (Institut für Künstlerische Keramik und Glas, Hochschule Koblenz) Kunstgeschichte und Kunsttheorie mit dem Schwerpunkt Moderne und Zeitgenössische Kunst (Skulptur, Malerei, Installation, Performance).

Kontakt: weyandt@hs-koblenz.de

Anmerkungen

1 Samaneh Atef lebt und arbeitet heute in Frankreich. Erst jüngst kaufte das Mucem (Musée des civilisations de l'Europe et de la Méditerranée) in Marseille ein Konvolut ihrer Werke an. Dem Begriff »Exil«, der in Publikationen im Hinblick auf ihre Vita scheinbar zwangsläufig immer wieder verwendet wird, steht sie ambivalent gegenüber. Sie verweist auf die schwere psychologische Last des Terminus und seiner Implikationen. Atef bevorzugt die schlichte Formulierung, dass sie ihr Land verlassen habe und spricht von einer »personal journey«.

2 Im Originalwortlaut: »Pour moi aujourd'hui, la peinture a été et est une guérisseuse et une thérapeute.« Ich danke der Künstlerin Samaneh Atef für ihre luziden und überaus hilfreichen Erklärungen.

Verlustkontrolle

Till Eitel

Da ist dieser eine Satz, den ich gern früher gehört hätte. Viel früher. Mein Hausarzt sagte ihn gut anderthalb Jahre nach dem Tod meiner Frau Ruth. Auf seine Frage, wie es mir denn gehe, antwortete ich, dass ich mich noch immer zerschmettert fühle von den uns während ihrer Krebserkrankung wieder und wieder gemachten Hoffnungen (»Mit jetzt nur noch einer weiteren Operation wird alles gut!«) und den darauffolgenden Enttäuschungen, weil nichts half. Er antwortete: »Wenn ein Patient eine Tumordiagnose bekommt, ist das Erste, was ich ihm sage, dass der Weg, der nun vor ihm liegt, kein steter ist, sondern ein ständiges Auf und Ab, auf das man sich einstellen sollte.«

Wissen ist Macht

Ruths Krebsdiagnose traf mich wahrscheinlich noch unvorbereiteter als sie selbst. Plötzlich war sie Patientin, ich Angehöriger. Das Klinikprozedere ging los, konterkarierte jegliche Pläne und bestimmte alsbald unser Leben. Ich begann zu lesen. Las teils sogar die »Leitlinie Magenkarzinom«. Ich wollte zumindest verstehen; ich muss stets alles verstehen. Ich, wir wollten Fragen stellen können und Antworten bekommen, die mehr als Standardformeln waren. Und meine Frau sollte die anstehenden Entscheidungen auf bestmöglicher Wissensbasis treffen können. Es half in den Gesprächen mit Ärzten und es gab meiner Frau – uns – das Gefühl, eine gute Entscheidungsgrundlage zu haben. Erst in der Rückschau ist mir bewusst, wie sehr dies vor allem der Versuch war, das Nicht-Kontrollierbare, den Krebs, zu kontrollieren, die Oberhand zu behalten, dem Gegner nicht ohnmächtig ausgeliefert zu sein als hilflose Zuschauer des eigenen Krankheitsverlaufs.

Verlustkontrolle, der Versuch, dem Unvermeidlichen zu entrinnen, war wahrscheinlich auch ein Motiv meines im Rahmen der häuslichen Pflege deutlich über meine Grenzen Gehens. Ich tat dies aus Liebe, aus Fürsorge. Doch insgeheim hoffte ich wohl, indem ich alles Menschenmögliche tat, den ungleichen Kampf zu gewinnen, zumindest aber die Kontrolle zu behalten.

Sehenden Auges

Erst weit in meinem Trauerprozess wurde mir bewusst, wie früh dieser eigentlich begonnen hatte beziehungsweise dass es ein fließender, ein schleichender Beginn war. Wochen, wenn nicht Monate vor ihrem Tod spürte ich tiefen Schmerz, war verzweifelt, klagte, hätte dies aber nicht als »Trauer« bezeichnet. Ich überlegte, wie ein Leben ohne sie überhaupt möglich wäre, und schämte mich zugleich dafür, denn sie lag ja auf der Couch nebenan. Ich sah die Lawine auf mich zurollen und konnte mit niemandem darüber reden, mit ihr nicht, mit keinem Freund. Meine Fragen laut zu stellen, meine Ängste zu formulieren, so dachte ich, wäre erst nach ihrem Tod legitim. Sehenden Auges in die Katastrophe – rückblickend war das die schlimmste, die einsamste Zeit. Inzwischen weiß ich, dass Trauer teils früher beginnt, und hätte mir Hilfe dazu gewünscht.

Im Tun sein

Meine Frau starb im Hospiz, zwei Wochen war sie dort. Eines der großen Geschenke dabei war, dass ich so erfuhr, wie viel man im Rahmen einer Bestattung auch selbst übernehmen kann. Ich versorgte und kleidete meine tote Frau, bettete sie

Leidfaden, Heft 3 / 2025, S. 44–46, ISSN (Printausgabe): 2192-1202, ISSN (online): 2196-8217, © 2025 Vandenhoeck & Ruprecht

AUFLÖSUNG. © eyetill.com

i-TÜPFELCHEN

Wie soll Leben gehen, ohne mit dir die i-Tüpfelchen des Tages und die Fragezeichen der Nacht zu teilen?

Till Eitel: ABSCHIED. Ein lyrisches Trauertagebuch. © 2024 Kösel Verlag, München, in der Penguin Random House Verlagsgruppe GmbH

in ihren Sarg, organisierte Beisetzung und Abschiedsfeier. Gestalten zu können half mir, Abschied zu nehmen. Für andere wäre dies in solch einem Moment vielleicht zu viel gewesen – mir gab dieser letzte Dienst das Gefühl, zum ersten Mal bei einem wichtigen Teil des Geschehens nicht fremdbestimmt zu sein.

In den ersten Tagen nach ihrem Tod half es mir, im Tun zu sein: Freunde und Ämter informieren, Beerdigung organisieren etc. Dann kamen die Leere, die Stille, die Einsamkeit, die Verzweiflung. Ein Gedanken- und Gefühlskarussell. Menschen um mich, von denen ich es nicht erwartet hätte, verstummten aus Hilflosigkeit oder verloren sich in Plattitüden. Das belastete zusätzlich. Ein großes »Nie wieder!« stand auf einmal über so vielem: Nie wieder mit ihr lachen. Nie wieder Freud und Leid teilen. Nie wieder einander berühren. NIE WIEDER! Gleichzeitig keimte immer wieder der Gedanke auf, es sei doch alles nur ein Traum; ein paar Tage noch, Wochen vielleicht, dann käme sie schon zurück. Der Berg an äußeren To-dos und das innere Chaos lähmten, machten handlungsunfähig. Das eigene Leben unfreiwilligerweise von Grund auf neu gestalten zu müssen, war erdrückend.

Ordnung im Chaos

Ich begann zu schreiben. Nicht, um zu dokumentieren, nicht als Therapieansatz, sondern schlicht, um zu sortieren. Um das emotionale Durcheinander in den Griff zu bekommen und um festzustellen, welche Gefühle in einer Endlosschleife immer wiederkehrten. Ich schrieb. Mal nachmittags um drei, mal nachts um vier. Mal zwei Texte an einem Tag, dann eine Woche lang nichts. Immer wenn ein wesentlicher Gedanke kam, notierte ich ihn. Das klare Formulieren half, gab Struktur, machte sogar Spaß. Und indem ich sie notierte, konnte ich meine Gedanken leichter loslassen. Sie mussten nicht länger im Kopf rotieren, sie waren ja gesichert, auf Papier. Mit der Zeit hatte dies, erkenne ich rückblickend, obendrein einen therapeutischen Effekt. Hätte ich es jedoch als »Schreibtherapie« begonnen, hätte es nicht funktioniert. Da wären ein Ziel, ein Zweck und ein Zwang gewesen.

Ein paar Monate nach Ruths Tod zeigte ich einige der Texte meiner Trauerbegleiterin. Sie fragte, ob es noch mehr davon gebe. Ihren Vorschlag, die Gedichte zu veröffentlichen, lehnte ich vehement ab – sie waren ganz allein für mich!

Irgendwann begann ich dann doch, sie zu sichten, für mich einzuordnen und ein Buch – nur für mich, Familie und Freunde! – daraus zu konzipieren. Beides half mir immens: Meine Gedanken und Gefühle (und damit mich) zu reflektieren, zu sortieren und darin eine anspruchsvolle Aufgabe zu haben, die nach vorn gerichtet war, mich anspornte, mich erfüllte.

Zunächst lediglich eine kleine Künstleredition, ist »ABSCHIED« nunmehr der erste Teil einer Trilogie zum Thema »Trauer und Verlust« (die Teile II und III sind bildnerisch) und gibt als Publikation anderen Trauernden Halt, spendet Trost. Mir gibt es noch immer Sinn: Wenn ich wieder einmal Leere spüre, mich traurig und kraftlos fühle, setze ich mich hin und versuche, das Buch auf die eine oder andere Weise in die Welt zu tragen. Für mich und für andere.

© eyetill.com

Till Eitel ist bildender Künstler und Autor. Seine Geschichten und Gedichte erschaffen Bildwelten, seine Bilder erzählen über den Augenblick hinaus – beides geprägt von einer nuancierten Wahrnehmung und einfühlsamen Sprache. Neben eigenen Veröffentlichungen schreibt er unter anderem für den Deutschen Hochschulverband und war langjähriger Autor von Harald Schmidt. Er lebt in Köln.

Kontakt: abschied@textill.de

Macht des Zuhörens, Ohnmacht des Handelns

Erfahrungen aus der Telefonseelsorge

Christine Fach

»Sie rufen an – wir sind ganz Ohr«, so heißt es in einer Selbstdarstellung der Telefonseelsorge. Der wesentliche Pfeiler der Tätigkeit fußt bundesweit auf etwa 8.000 aktiven Ehrenamtlichen, die sich freiwillig, unentgeltlich, anonym und rund um die Uhr für Anrufer:innen engagieren.

Was führt Menschen dazu, sich bei der Telefonseelsorge zu melden?

Grundsätzlich bildet sich in den Gesprächen die gesamte Palette menschlicher Themen ab. Die Anlässe der Anrufer:innen variieren ebenso wie die Tiefe, Dauer und Taktung der Gespräche. So ist die Telefonseelsorge – wie Anrufende selbst berichten – oft der einzige persönliche oder sogar tägliche Kontakt zur Außenwelt in ihrem Leben. Einsamkeit spielt eine große Rolle, aber auch psychische Erkrankungen, Lebenskrisen, Konflikte, Ängste und Armut. Einige Anrufende befinden sich in einer akuten Krise etwa infolge einer Krankheit, eines Todesfalls, aufgrund von Unfällen oder eines sexuellen Übergriffs. Andere haben keinen aktuellen Anlass, sind mit ihrem Leben überfordert und wollen etwas Belastendes loswerden, suchen Bestätigung, Trost und Zuwendung.

Wer verbirgt sich am Telefon?

Mit einem freundlichen »Telefonseelsorge – guten Abend« beginnt ein Gespräch. Jedes Mal ist es spannend, wer am anderen Ende sein wird. In der vorgeschalteten einjährigen Ausbildung lernen die Seelsorgenden neben fachlichen Kompetenzen zu besonders herausfordernden Themen wie Suizid, Sucht und sexuellem Missbrauch vor allem eine Haltung der Empathie, des Mitfühlens und der Wertschätzung den Anrufenden gegenüber. Es ist manchmal schwer, jedem und jeder Ratsuchenden gleichermaßen vorurteilsfrei, wertschätzend und authentisch unser Ohr zu leihen, etwa wenn sie nicht auf den Punkt kommen, wiederholt nebensächliche Alltagsgeschichten erzählen oder auch ihren Frust gegenüber dem Vermieter oder Jobcenter auf uns zu übertragen versuchen.

Balance zwischen Macht und Ohnmacht

Macht

In der speziellen *Rolle* als Seelsorgende tragen wir die primäre Verantwortung für ein Gespräch, indem wir Anrufer:innen zuhören, sie unterstützen und sie durch schwierige emotionale oder psychische Situationen begleiten. Bei kranken oder beeinträchtigten Personen, die lange keine Worte finden, kann die Unterstützung auch in einer behutsamen Ermunterung zum Sprechen bestehen. Wir geben Orientierung zum Beispiel bei verwirrten oder überforderten Anrufer:innen oder erarbeiten zusammen mit den Hilfesuchenden neue Perspektiven. Oft ist keine Lösung des Konflikts oder des Problems erwünscht. Im Gegenteil: Viele lehnen eine Reflexion oder gar Änderung ihres eigenen Verhaltens strikt ab, sie wollen in der Regel ihre Situation »nur erzählen«, suchen also Entlastung und Verständnis oder genießen unsere Zugewandtheit. Durch Respekt den Ratsuchenden gegenüber sowie Verständnis für ihre spezielle belastende Situation stärken wir Seelsorgenden das Selbstwertgefühl der Ratsuchenden.

Leidfaden, Heft 3 / 2025, S. 47–49, ISSN (Printausgabe): 2192-1202, ISSN (online): 2196-8217, © 2025 Vandenhoeck & Ruprecht

Elizaveta / Adobe Stock

Yuliia / Adobe Stock

PheelingsMedia / Adobe Stock

pathdoc / Adobe Stock

In der überwiegenden Mehrheit der Telefonate fühlen sich die Anrufenden »gehört« und gestärkt und äußern ihre Dankbarkeit entweder direkt oder später schriftlich gegenüber der Institution Telefonseelsorge. Ein positives Feedback ist nach einem als gelungen erlebten Gespräch ermutigend und oft berührend für uns: »Sie haben mir sehr gutgetan und mich erleichtert« oder »Ihr Lachen war so erfrischend, das Gespräch war toll wie mit einer guten Freundin« oder »Sie haben mir geholfen, ich danke Gott für dieses wunderbare Gespräch mit Ihnen, darf ich Ihnen ein kurzes Gedicht vorlesen?«.

Bezogen auf die *Position* sitzen wir Seelsorgende grundsätzlich am längeren Hebel – so könnte man meinen. Wir sind fachlich kompetent, sicher in der Gesprächsführung und können uns abgrenzen. Wir können Gespräche strukturieren und auch beenden, wenn Anrufende sich wiederholen, sich aggressiv, manipulativ oder übergriffig verhalten. Es gibt mitunter Anrufer:innen, die sich nicht unterbrechen lassen wollen und im Stakkato ihr halbes Leben erzählen wollen, andere, die uns aggressiv angehen und uns als Blitzableiter für erlebtes Leid und Demütigung zu benutzen versuchen, und welche, die einfach auflegen, wenn ihnen eine Frage nicht in ihr Konzept passt. Wird unsere empathische Präsenz ausgenutzt oder gar missbraucht, etwa durch verbale sexuelle Übergriffe, ist Abgrenzung erforderlich. Die Macht, solche Gespräche zu beenden, sollten wir im Sinne der Selbstfürsorge nutzen.

Ohnmacht

Trotz unserer Position, unseres Engagements und unserer Erfahrung können wir als Seelsorgende auch Ohnmacht empfinden. Manchmal sind wir mit tragischen Lebensrealitäten oder existenziellen Krisen konfrontiert und fühlen uns hilflos, weil wir keine dauerhafte Lösung anbieten können. Das Erleben, das Gespräch eben doch nicht immer im Griff zu haben, die Unsicherheit zu spüren, nicht zu wissen, was nach dem Gespräch stattfindet, kann zu der Erkenntnis führen, dass unsere *Einflussmöglichkeiten* begrenzt sind – mag ein

Gespräch auf Augenhöhe und in gegenseitigem Respekt auch als gelungen und befriedigend erlebt worden sein. Es gilt zu akzeptieren, dass die Anrufer:innen die Macht haben, das Besprochene umzusetzen oder auch nicht. Die Ungewissheit darüber gilt es auszuhalten. Im Extremfall: Wird die Anruferin Suizid verüben, obwohl sie sich im Laufe des Gesprächs hörbar beruhigt hat und offenbar bereit ist, über Alternativen nachzudenken?

Strukturelle Begrenzungen liegen darin, dass wir Seelsorgenden *keine persönlichen Interventionen* durchführen, sondern etwa bei akuten Notfällen auf andere Hilfsangebote verweisen, etwa bei Vergewaltigungen auf die Polizei, den Notarzt oder Frauenberatungsstellen, so die Anruferin dafür offen ist. Auch können wir Ratsuchende nicht im Sinne einer therapeutischen Intervention kontinuierlich begleiten oder eine Nachsorge sicherstellen. Seelsorge ist eben kein Coaching, keine Therapie und hat auch nicht diesen Anspruch.

Fazit

Auch wenn Ratsuchende sich uns teilweise schonungslos offen anvertrauen – das kann in vorsichtigen Schleifen in wiederholten Telefonaten stattfinden –, müssen wir darauf vertrauen, dass sie selbstbestimmt Entscheidungen treffen und die Verantwortung für ihr Leben übernehmen. Ein befriedigendes Gespräch im Sinne einer echten menschlichen Begegnung ist eben nur eine Momentaufnahme. »Vielen Dank für das Gespräch« – so ein dankbarer Anrufer am Ende eines Telefonats. »Es hat sehr gutgetan, mal alles loszuwerden.« Ein bewusstes und reflektiertes Agieren am Telefon ist entscheidend, um eine respektvolle, einfühlsame und wirksame Unterstützung zu gewährleisten.

Christine Fach, Diplom-Pädagogin, ist systemische Supervisorin und Ehrenamtliche bei der Telefonseelsorge.

Kontakt: christine.fach@t-online.de

UNVORBEREITUNG

Ich wusste ja,
was auf mich
zukommt.
Monate
lang
habe ich
dagegen
angedacht,
angeschrien,
angeheult.

Kämpfte
Tag und Nacht
Nacht und Tag
mit dir
gegen das
Unvermeidliche.

Ich sah die Lawine
auf mich
zurollen,
erahnte
die Einsamkeit,
die Stille
meines künftigen
Lebens ohne dich,
mein Verlangen
nach dir.

Doch darauf,
wie er
wirklich ist,
dein Tod,
konnte ich mich
nicht
vorbereiten.

Auch am Ende war das Wort

Zur Macht von Sprache in der professionellen Palliativkommunikation

Katja Ehrenberg

Vor dem Tod sind wir alle gleich. Scheint unser eigener Tod noch weit weg, sind wir im Orwell'schen Sinne gleicher. Wer aus einer beruflichen Rolle heraus Krankheit, Sterben und Trauer begegnet, bleibt dank Erfahrung und Expertise meist handlungsfähig. Wer selbst betroffen ist, erlebt sich meist zunächst als hilflos. Dieses natürliche Ungleichgewicht zwischen professionell Helfenden und ihrer Klientel kann durch machtsensible Kommunikation ausgeglichen werden.

Manchmal entscheidet die Formulierung einer Frage, ob sich jemand auf Augenhöhe einbezogen fühlt oder passiv einem Prozedere ausgeliefert. Oft sind es nur wenige Wörter oder die Reihenfolge, die einen Unterschied dafür machen, welche inneren Bilder entstehen, wer »schuld« zu sein oder welcher Aspekt wichtig scheint. Sprache kann empowern und trotz allem noch vorhandene Entscheidungs- und Handlungsspielräume aufzeigen. Sprache kann angemessene Hoffnung geben oder Akzeptanz erleichtern. Dieser Beitrag möchte sozial- und kommunikationspsychologisch fundierte, kleine praktische Anregungen geben, die in Gesprächen mit kranken, sterbenden und trauernden Menschen einen Unterschied machen.

Wer fragt, der führt

Zu Beginn einer Begleitung ist oft wichtig, dass die professionell Helfenden möglichst viele Informationen sammeln, um ihre Rolle gut wahrnehmen zu können. Sie haben also eine Menge Fragen. Dadurch kann auch bei noch so empathischer Haltung eine gewisse Interviewatmosphäre entstehen. Denn wer fragt, entscheidet, worüber jetzt gesprochen wird und auch, unter welchem Blickwinkel. Die nächste Frage lenkt, wie das Gespräch weitergeht. Wer fragt, agiert; wer antwortet, reagiert. Wer fragt, entscheidet in aller Regel auch, wann alle Fragen beantwortet sind, also wie lange das Gespräch dauert und wann es endet. Dieses ungleiche Mitspracherecht lässt sich etwas ausbalancieren.

In den Sozialwissenschaften unterscheiden wir zwischen geschlossenen, halboffenen und offenen Fragen (Bortz und Döring, 2013). Eine geschlossene Frage ist präzise, sie grenzt den Raum möglicher Antworten stark ein (zum Beispiel »Wann hatten Sie Ihre letzte Chemotherapie?«). Die Antwort kann »richtig« oder »falsch« sein und ist meist kürzer als die Frage, der Gesprächsanteil also geringer. Geschlossene Fragen können notwendig sein, um schnell relevante Information zu erhalten. Gerade wenn sie in Serie gestellt werden, helfen eine zugewandte Körpersprache, Sprechweise und Blickkontakt, den Stress des »Abfragens« zu mildern.

Halboffene Fragen lenken weniger und lassen mehr Spielraum (zum Beispiel »Welche Behandlungen sind denn bisher durchgeführt worden?«). Die Frage setzt das Thema und skizziert

Feryu / Adobe Stock

Sprache kann empowern und trotz allem noch vorhandene Entscheidungs- und Handlungsspielräume aufzeigen. Sprache kann angemessene Hoffnung geben oder Akzeptanz erleichtern.

den Antwortraum, aber die gefragte Person kann entscheiden, mit welchem Schwerpunkt oder in welcher Reihenfolge sie antwortet. Sie kann etwas in den Fokus rücken oder auslassen. Die Antwort ist in aller Regel ausführlicher als die Frage, der Gesprächsanteil der gefragten Person wird höher.

Ganz offene Fragen laden vor allem zum Reden ein (zum Beispiel »Was sollte ich über Ihre bisherige Geschichte wissen?«). Hier ist noch mehr Raum für weitere Aspekte, wie beispielsweise die Reaktion von Angehörigen oder Herausforderungen der Wohn- oder Arbeitssituation. Vielleicht fühlt sich die Person eingeladen, negative Emotionen erstmals in Worte zu fassen, was neurologisch nachweisbar hilft, die Gefühlslage zu regulieren und sich zu beruhigen (Lieberman et al., 2007). Offene Fragen ermächtigen, da sie dem Gegenüber die Freiheit geben zu steuern, was wie ausführlich besprochen werden sollte. Darüber hinaus signalisieren sie, dass man ihm oder ihr das zutraut. Offene Fragen nach Ressourcen (zum Beispiel »Was schaffen Sie trotz allem noch gut?«, »Was hilft, dass Sie sich manchmal für kurze Zeit etwas besser fühlen?«, »Was könnten andere noch im Kleinen tun, was Sie selbst?«) lenken zudem die Aufmerksamkeit auf Stärken und Chancen (von Schlippe und Schweitzer, 2016).

Zugleich können (halb-)offene Fragen Menschen überfordern, die akut psychisch belastet oder die von kognitiven Einschränkungen betroffen sind. Auf ein ratloses Gesicht oder ein »Oh, wo soll ich da bloß anfangen?« hin lässt sich leicht nachsteuern und mit konkreteren Fragen durch das Gespräch führen. Wer aber nach einer Serie geschlossener Fragen merkt, dass kein guter persönlicher Kontakt entsteht, wird es deutlich schwerer haben, dies später mit offeneren Formulierungen aufzufangen. Das manchmal eher rhetorische »Haben Sie noch Fragen?« leistet dies selten. Vielmehr erklärt es das Gespräch indirekt für beendet. Empfehlenswerter sind daher Formulierungen wie »Welche Fragen haben Sie bis hierhin?« oder »Was sollten wir heute noch besprechen?«. Sie legen nahe, dass Fragen normal sind und dass man Zeit hat. Das Gegenüber kann mitentscheiden, wie lange das Gespräch dauert.

Natürlich hängt es auch vom eigenen Beruf und Rollenverständnis und der konkreten Situation ab, welche Art von Fragen erforderlich ist und wie viel Gestaltungsspielraum besteht. Aber auch in stärker standardisierten Kontexten können eingestreute offene Fragen die Beziehungsqualität verbessern und zudem wertvolle Hinweise auf Themen liefern, die sonst nicht zur Sprache gekommen wären.

Bezeichnungen und ihr Beiklang

Eine gute Frage kann auch sein, wie etwas genannt werden soll, sofern sich dies nicht aus bereits Gesagtem aufgreifen lässt (zum Beispiel »die Diagnose«, »die Erkrankung«, »der Tumor« oder

»das Blasenkarzinom«). Manche Menschen bevorzugen sanfte Umschreibungen (»er ist von uns gegangen«; »ihre Schusseligkeit«), andere klare Worte (»er ist gestorben«; »ihre Demenz«). Wie wir Dinge benennen, lässt uns unterschiedliche Bilder und Grade von Bedrohlichkeit assoziieren, was mit der schöpferischen Kraft des *logos* subjektive Wirklichkeiten konstruiert.

Es fördert die Geschmeidigkeit der Kommunikation enorm, die Bezeichnungen zu übernehmen, die die Menschen selbst verwenden, sofern sie nicht grob irreführend sind. Wir zeigen damit, dass wir uns auf Sprache und Erleben des Gegenübers einzustellen bereit sind. Ähnlich wie das meist unbewusste Aufgreifen von Mimik, Gestik oder Sprechweise ist auch das verbale Spiegeln ein machtvolles Mittel, Bindung aufzubauen und zu vertiefen (Chartrand und van Baaren, 2009).

Wer Sachverhalte, Erfahrungen oder Gefühle des Gegenübers unbedacht mit eigenen Begriffen benennt, läuft Gefahr, wenig anschlussfähige Deutungen hineinzulegen. Die Verwendung nicht notwendiger Fach- und Fremdwörter kann dabei zudem eine Ungleichheit in Kompetenz oder Status nahelegen. Dies gilt sowohl für die Kommunikation mit der Klientel als auch für den Austausch zwischen verschiedenen Berufsgruppen (Medizin, Pflege, Seelsorge, ehrenamtliche Begleitung etc.).

Grammatik und Verantwortung

Nicht nur Substantive wecken innere Bilder. Auch Verben und Grammatik beeinflussen stark, wen wir in einer Geschichte als passiv betroffen, wen als aktiv verantwortlich wahrnehmen. UN Women empfiehlt zum Beispiel im Kontext von Berichterstattung über sexualisierte Gewalt Schlagzeilen wie »Frau nach Cocktailabend vergewaltigt« zu vermeiden, da hier die Frau im Vordergrund steht, der Cocktailabend wie eine Erklärung erscheint und ein Täter gar nicht vorkommt. Ein Satz wie »Mann vergewaltigt Frau nach gemeinsamem Abend« vermeidet eine solche Täter-Opfer-Umkehr bei der Zuschreibung von Verantwortung (Alpuim und Ehrenberg, 2024).

Gerade in der deutschen Sprache neigen wir zu Formulierungen, die die handelnde Person in den Vordergrund stellen, selbst wenn etwas nicht mit

CYBERUSS / Adobe Stock

Absicht getan wurde (zum Beispiel »Sie hat die Vase zerbrochen«). Im Französischen oder Portugiesischen wäre es üblich, hier im Passiv zu formulieren (»Die Vase ist zerbrochen«), es sei denn, es war eindeutig vorsätzlich (Boroditsky, 2017). So können auch im Kontext Krankheit und Sterben subtil Ideen von Schuld transportiert werden, die einen Unterschied für die soziale Wahrnehmung, Urteilsbildung und Beziehung machen (zum Beispiel »Er hat ins Bett gemacht« statt »Es ist ein Malheur passiert«). Die Portion Fatalismus, die im Passiv steckt, dass manche Dinge eben geschehen, auch wenn es niemand wollte oder im engeren Sinne getan hat, fördert eine Haltung wohlwollender, gemeinschaftlicher Akzeptanz.

Konjunktionen, die den Fokus verschieben

Wie wir Informationen grammatikalisch verknüpfen, kann Teile der Information relativieren, ohne dass uns dies unbedingt bewusst ist. Dies zeigen folgende Beispielsätze:

- *Sie ist schon sehr alt. Aber sie ist ausgesprochen nett.*
- *Sie ist schon sehr alt. Sie ist ausgesprochen nett.*

Die Verknüpfung »aber« suggeriert hier einen Widerspruch. In anderen Konstruktionen schmälert »aber« das Gewicht des ersten Teils (zum Beispiel »Die Wunde ist gut verheilt. Aber sie juckt noch ein bisschen«). Werden beide Sätze mit »und« oder einfach so verbunden, stehen sie gleichwertig nebeneinander. Ähnlich wirkt eine unterschiedliche Reihenfolge, vor allem mit dem Bindewort »obwohl«, das den Stellenwert des Satzteils verringert, vor dem es steht:

- *Obwohl das neue Medikament gut anschlägt, ist sie momentan im Alltag wieder schnell erschöpft.*
- *Obwohl sie momentan im Alltag wieder schnell erschöpft ist, schlägt das neue Medikament gut an.*

Wer Hoffnung und Zuversicht vermitteln möchte, wird die zweite Variante wählen.

Eine besondere Herausforderung im professionellen Kontext bleibt der Umgang mit eigenen Ambivalenzen, eigenem Nicht-Wissen, eigener Ohnmacht. Statt falsche Stärke vorzuspielen, ist es authentischer, Ohnmacht transparent zu machen und das, was menschlich nicht zu ändern oder nicht vorherzusagen ist, samt der Unsicherheit gemeinsam auszuhalten. Dazu braucht es dann meist keine Worte, da sein genügt.

Katja Ehrenberg ist promovierte Diplom-Psychologin, Professorin an der Psychology School der Hochschule Fresenius in Köln und freiberufliche systemische Beraterin (SG-zertifiziert). Ihre Schwerpunkte bei der Begleitung von Einzelklient:innen, Angeboten für Teams und Organisationen sowie in ihrer wissenschaftlichen Forschung liegen u. a. auf der konstruktiven Gestaltung zwischenmenschlicher Beziehungen und der Förderung individueller wie kollektiver Entwicklung und Resilienz.

Kontakt: kontakt@katjaehrenberg.de

Literatur

Alpuim, M.; Ehrenberg, K. (2024). Die Macht der Sprache. Wie Worte Gefühle und Gedanken prägen. In Alpuim, M.; Ehrenberg, K., Psychologie im Journalismus. Wissen, Werkzeug und Tipps für die tägliche Praxis. Bonn: Bonn Institute (S. 22–31). Online: https://www.bonn-institute.org/news/psychologie-im-journalismus-2.

Boroditsky, L. (2017). How language shapes the way we think. TED Conferences. Video. https://www.ted.com/talks/lera_boroditsky_how_language_shapes_the_way_we_think.

Bortz, J.; Döring, N. (2013). Forschungsmethoden und Evaluation für Human- und Sozialwissenschaftler. Berlin, Heidelberg.

Chartrand, T. L.; Van Baaren, R. (2009). Human mimicry. In: Advances in Experimental Social Psychology, 41, S. 219–274.

Lieberman, M. D.; Eisenberger, N. I.; Crockett, M. J.; Tom, S. M.; Pfeifer, J. H.; Way, J. H. (2007). Putting feelings into words: Affect labeling disrupts amygdala activity in response to affective stimuli. In: Psychological Science, 18, 5, S. 421–428.

Schlippe, A. von; Schweitzer, J. (2016). Lehrbuch der systemischen Therapie und Beratung I. Das Grundlagenwissen. 3. Auflage. Göttingen.

Die Herausforderung der Ohnmacht

Strategien für emotionale Resilienz in der Trauer- und Krisenbegleitung

Elisabeth Jentschke

Fachkräfte in der Trauer- und Krisenbegleitung begleiten Menschen in existenziellen Krisen und stehen dabei oft vor der eigenen Ohnmacht. Sie müssen stabil, mitfühlend und handlungsfähig bleiben. Emotionale Resilienz – die Fähigkeit, psychisch widerstandsfähig zu bleiben – ist dabei entscheidend (Heller, 2013). Dieser Artikel gibt praxisnahe Impulse.

Ohnmacht erleben: Wenn Helfende an ihre Grenzen stoßen

Die Arbeit in der Trauer- und Krisenbegleitung erfordert tiefes Mitgefühl – doch genau dieses kann in bestimmten Situationen zu Hilflosigkeit führen. Typische Auslöser sind:

- **Unlösbare Situationen:** Wenn existenzielle Probleme, wie der Tod eines Kindes oder ein unabwendbares Schicksal, keine Lösung zulassen.
- **Emotionale Überforderung:** Das Mit-Erleben von Trauer, Schmerz oder Wut kann psychisch stark belasten.
- **Systemische Hürden:** Zeitdruck, begrenzte Ressourcen oder fehlende Unterstützung im Team verstärken das Gefühl, nicht genug helfen zu können.

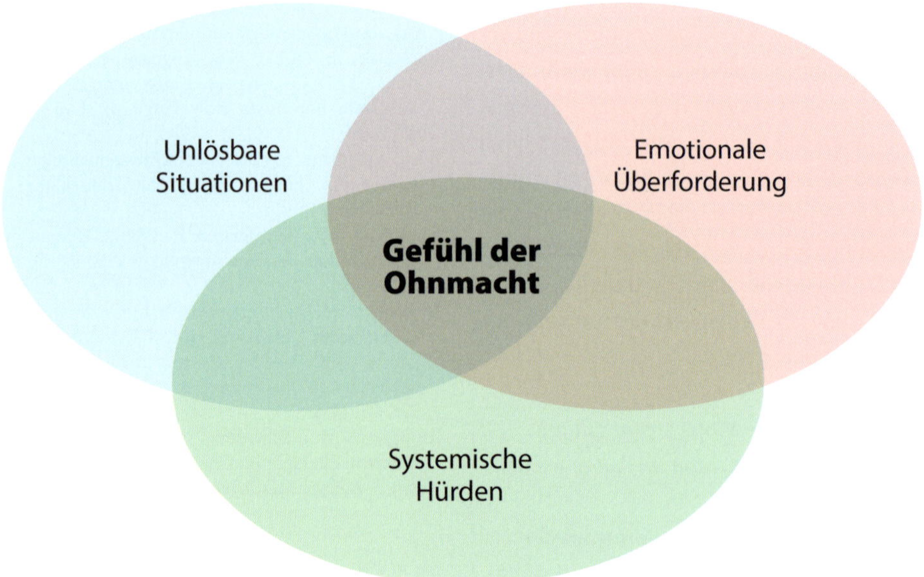

Spannungsfelder (eigene konzeptionelle Darstellung)

Leidfaden, Heft 3/2025, S. 54–58, ISSN (Printausgabe): 2192-1202, ISSN (online): 2196-8217, © 2025 Vandenhoeck & Ruprecht

Ein Beispiel aus der Praxis

Eine Begleiterin schilderte, wie schwer es ihr fiel, eine Mutter zu trösten, die ihr einziges Kind verloren hatte. Sie beschrieb ihre eigene innere Not mit den Worten: *»Es hat sich angefühlt, als würde ich selbst zerbrechen.«*

Solche Erlebnisse sind keine Ausnahme. Sie verdeutlichen, wie herausfordernd es ist, mit der eigenen Ohnmacht umzugehen.

Resilienz als Gegengewicht zur Ohnmacht

Resilienz hilft, schwierige Situationen zu bewältigen, ohne daran zu zerbrechen. Studien zeigen, dass regelmäßige Achtsamkeitsübungen und ein bewusster Umgang mit Stress das Nervensystem stabilisieren (Bengel und Lyssenko, 2012).

annaversum.com

Resilienz als Schutzschirm gegen Belastungen

Resilienz wirkt wie ein Schutzschirm gegen Belastungen: Sie verhindert nicht die Herausforderungen, aber sie stärkt die Widerstandskraft, um mit den Herausforderungen umgehen zu können. Fachkräfte, die Resilienzstrategien nutzen, sind weniger anfällig für Burnout und Compassion Fatigue (Hülsheger et al., 2013).

Doch welche Faktoren stärken Resilienz konkret? Welche Strategien helfen, langfristig psychisch widerstandsfähig zu bleiben?

Kernstrategien für emotionale Resilienz

Eigenverantwortung und Selbstwirksamkeit stärken

Resilienz beginnt mit der Erkenntnis, dass nicht alles in der eigenen Macht steht – wohl aber der Umgang damit. Wer sich als handlungsfähig erlebt, statt sich den Umständen ausgeliefert zu fühlen, stärkt seine Eigenverantwortung.

annaversum.com

Die eigenen Fesseln erkennen

Die Abbildung zeigt eindrücklich, wie gedankliche Muster wie *»Ich kann nicht«*, *»Es geht nicht«* oder *»Erst wenn …«* zu unsichtbaren Fesseln werden können. Sie halten uns in der Passivität fest und verhindern, dass wir unsere Einflussmöglichkeiten erkennen. Resiliente Menschen lösen diese inneren Blockaden und richten ihren Fokus darauf, was sie aktiv gestalten können.

Resilienz entwickelt sich nicht nur durch individuelle innere Stärke, sondern auch durch gemeinsames Anpacken und gegenseitige Unterstützung. Gerade in herausfordernden Zeiten zeigt sich, wie wichtig es ist, Belastungen nicht allein zu tragen.

Resilienz durch Unterstützung

Die Abbildung verdeutlicht: Große Lasten lassen sich leichter bewältigen, wenn Menschen zusammenarbeiten. Fachkräfte profitieren davon, sich gegenseitig zu stützen, sei es durch Teamarbeit, Supervision oder den Austausch mit Kolleg:innen. Die Fähigkeit, Unterstützung anzunehmen und ein stabiles Netzwerk zu nutzen, ist eine wesentliche Resilienzstrategie.

Die Opferrolle verlassen

Resiliente Menschen nehmen ihre Einflussmöglichkeiten bewusst wahr und richten den Fokus auf konkrete Handlungsschritte. Statt sich von äußeren Umständen bestimmen zu lassen, setzen sie realistische Ziele und gestalten aktiv Veränderungsprozesse.

Akzeptanz und Lösungsorientierung

Das Anerkennen, dass nicht alles veränderbar ist, hilft, sich auf das Machbare zu konzentrieren. Lösungsorientierung bedeutet, realistische Ziele zu setzen und aktiv mit Herausforderungen umzugehen.

Netzwerke aufbauen – Unterstützung aktiv suchen

Soziale Unterstützung ist essenziell, um Belastungen nicht allein tragen zu müssen. Der Austausch mit Kolleg:innen, Mentoren oder Supervision kann dabei helfen, neue Perspektiven zu gewinnen und emotionale Unterstützung zu erfahren. Ein starkes Netzwerk bietet Rückhalt in schwierigen Zeiten.

Gemeinsam nach Lösungen suchen

Solche tragfähigen Beziehungen entstehen nicht zufällig – sie erfordern bewusstes Handeln und Offenheit für Zusammenarbeit. Während Isolation und Schuldzuweisungen die Resilienz schwächen, stärkt gegenseitige Unterstützung die psychische Widerstandskraft und verhindert emotionale Erschöpfung.

Zukunft planen – Eine Perspektive entwickeln

Auch in herausfordernden Zeiten ist es wichtig, sich eine Perspektive zu bewahren. Zukunftsplanung gibt Hoffnung und Orientierung – nicht durch starres Festhalten, sondern durch flexible Anpassung an Veränderungen.

Die sieben Säulen der Resilienz können eine wertvolle Orientierungshilfe bieten (Rampe, 2010).

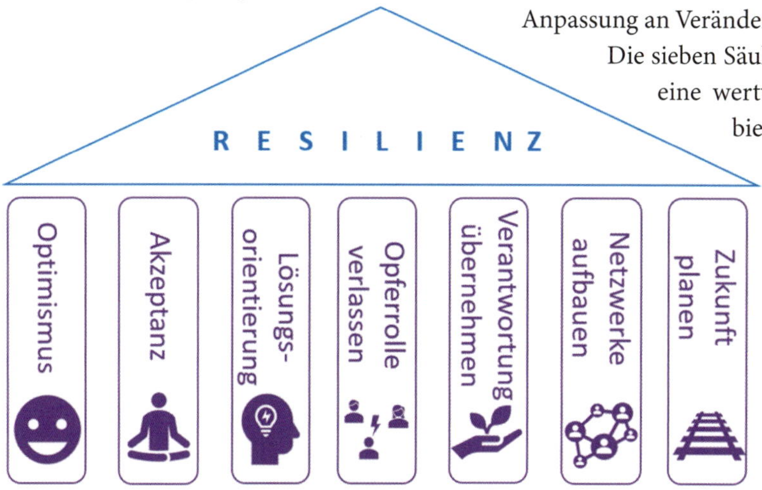

Resilienzsäulen (in Anlehnung an Rampe, 2010; eigene konzeptionelle Darstellung)

Supervision als Schlüssel zur Stabilität

Supervision ist ein wesentlicher Bestandteil der Teamfürsorge und trägt maßgeblich dazu bei, mit emotionalen Belastungen konstruktiv umzugehen. Die S3-Leitlinie Palliativmedizin (2020) empfiehlt regelmäßige Supervision, um Fachkräfte psychisch zu entlasten und eine gesunde professionelle Distanz zu wahren. Sie bietet einen geschützten Raum für Reflexion und emotionale Verarbeitung.

Supervision hilft,

- mit existenziellen Grenzerfahrungen umzugehen,
- Belastungsreaktionen zu reflektieren,
- die Teamkohäsion zu stärken und Burnout vorzubeugen (Jentschke, Selesnew und Rabe, 2021; Castor et al., 2017).

Praktische Strategien: Der Resilienz-Notfallkoffer

Ein persönlicher Resilienz-Notfallkoffer kann in belastenden Momenten helfen. Wichtige Elemente sind:

- Entspannungsübungen (zum Beispiel Atemtechniken, Meditation),
- inspirierende Zitate oder Affirmationen,
- vertrauensvolle Kontakte für emotionale Unterstützung,
- Journaling zur Selbstreflexion (das schriftliche Festhalten innerer Prozesse fördert eine emotionale Entlastung).

Die Bedeutung der Atmung

Gerade in akuten Belastungssituationen ist die Atmung ein kraftvolles Instrument zur Selbstregulation. Eine ruhige, tiefe Atmung aktiviert den Parasympathikus, senkt den Stresspegel und fördert das Gefühl von Sicherheit. Schon wenige Minuten bewusster Atembeobachtung oder eine einfache 4-7-8-Atemtechnik (4 Sekunden einatmen, 7 Sekunden den Atem halten, 8 Sekunden ausatmen) können helfen, sich zu zentrieren, innere Unruhe zu reduzieren und wieder handlungsfähig zu werden. Die Atmung ist damit ein jederzeit verfügbares Werkzeug zur Stärkung der Resilienz – unauffällig, effektiv und unmittelbar wirksam (Ma et al., 2017).

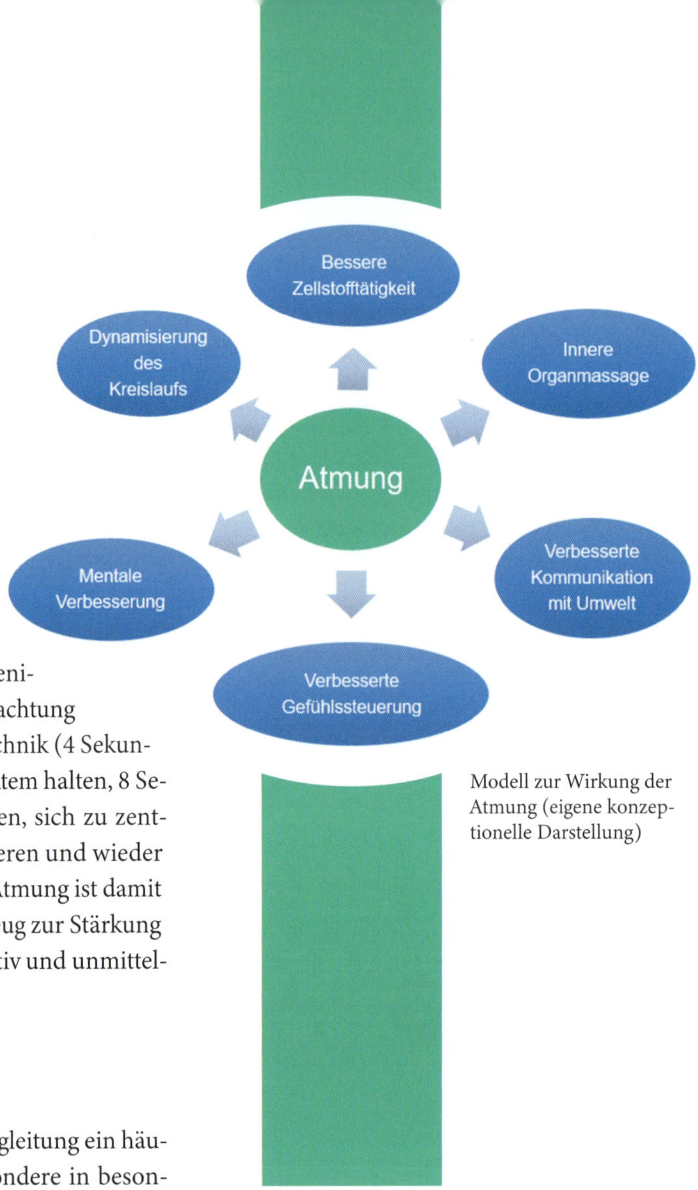

Modell zur Wirkung der Atmung (eigene konzeptionelle Darstellung)

Fazit und Ausblick

Ohnmacht kann in der Krisenbegleitung ein häufig erlebtes Gefühl sein, insbesondere in besonders belastenden oder unvorhersehbaren Situationen. Sie muss jedoch nicht zur dauerhaften Überforderung führen. Durch gezielte Selbstfürsorge, regelmäßige Reflexion und den Austausch im Team können Fachkräfte lernen, mit diesen Gefühlen umzugehen und ihre Resilienz zu stärken. Supervision und der aktive Aufbau von Resilienz sind entscheidende Strategien, um langfristige Stabilität und Handlungsfähigkeit zu gewährleisten.

PD Dr. **Elisabeth Jentschke** ist Psychoonkologin, Gerontologin und Psychotherapeutin. Sie leitet die Abteilungen für Psychoonkologie, Neuropsychologie und Palliativpsychologie am Universitätsklinikum Würzburg. Ihre Forschung konzentriert sich auf psychische Belastungen von an Krebs erkrankten Menschen und deren Angehörigen sowie auf die Wirksamkeit psychoonkologischer Interventionen. Ein besonderes Anliegen ist ihr die Stärkung der Würde am Lebensende.

Kontakt: Jentschke_E@ukw.de

Literatur

Bengel, J.; Lyssenko, L. (2012). Resilienz und psychologische Schutzfaktoren im Erwachsenenalter. Göttingen.

Castor, C.; Hallström, I.; Hansson, H.; Landgren, K. (2017). Home care services for sick children: Healthcare professionals' conceptions of challenges and facilitators. In: Journal of Clinical Nursing, 26, 17–18, S. 2784–2793.

Heller, J. (2013). Resilienz: 7 Schlüssel für mehr innere Stärke. München.

Hülsheger, U. R.; Alberts, H. J. E. M.; Feinholdt, A.; Lang, J. W. B. (2013). Benefits of mindfulness at work: The role of mindfulness in emotion regulation, emotional exhaustion, and job satisfaction. In: Journal of Applied Psychology, 98, 2, S. 310–325.

Jentschke, E.; Selesnew, A.; Rabe, A. (2021). Teamfürsorge und Supervision in der palliativen Nephrologie. In: Nieren- und Hochdruckkrankheiten, 50, 6, S. 253–261. doi:10.5414/NHX02190.

Ma, X.; Yue, Z.-Q.; Gong, Z.-Q.; et al. (2017). The Effect of diaphragmatic breathing on attention, negative affect and stress in healthy adults. In: Frontiers in Psychology, 8, S. 874. https://doi.org/10.3389/fpsyg.2017.00874.

Rampe, M. (2010). Der R-Faktor. Das Geheimnis unserer inneren Stärke. Norderstedt.

S3-Leitlinie Palliativmedizin. (2020). Leitlinienprogramm Onkologie. 2.2 (Langversion).

Es ist nichts so schlecht, dass es nicht für irgendwas gut ist

Was Macht und Ohnmacht so machen

Ute Geier

Ich habe die Macht, die mir diese Krankheit gegeben hat, niemals ausgenutzt. Und es hat auch eine Weile gedauert, bis ich mir dieser Macht überhaupt bewusst war. Von meinem Ehemann, einem Meister des positiven Denkens, lernte ich unter anderen Leitsätzen diesen: »Es ist nichts so schlecht, dass es nicht für irgendwas gut ist«. Anfangs, und besonders in den Zeiten der Ohnmacht, ist es mir schwer gefallen, diesen Leitsatz für meine Krebserkrankung anzuwenden.

Heute, vier Jahre nach der Erstdiagnose, fallen mir viele Beweise für die Richtigkeit dieser These ein, auch wenn auf dieser Welt viel mehr Beispiele dafür existieren, dass es Dinge gibt, denen man gar nichts Positives abgewinnen kann: AfD, Ukraine-Krieg, Donald Trump und vieles mehr beweisen das ja täglich.

Aber um die Ohnmacht einer palliativen Diagnose zu überleben und die Macht, die einem diese Erkrankung gibt, im positiven Sinne zu nutzen, ist die innere Haltung eine mentale Stärke, die von solchen Leitsätzen gespeist wird.

Die Geschichte

Im Februar 2020 kauften wir sehr spontan, aus einer Laune heraus, eine kleine Wohnung in den Schweizer Alpen mitten im Skigebiet. Zwei Wochen später versetzte Corona die Welt in einen Ausnahmezustand. Im Winter 2020/2021, als die deutsche Bevölkerung sozusagen eingesperrt war, verbrachten wir insgesamt sieben Wochen mit Skifahren. Das war möglich, weil mein Lebenskonzept die Beendigung meines Berufslebens mit sechzig Jahren beinhaltete und mein Ehemann aufgrund seiner Selbstständigkeit flexibel war.

In der letzten Woche dieses Skiwinters, es war inzwischen April, stand die Sonne hoch und intensiv am Himmel. Abends waren die Folgen in meinem Gesicht unübersehbar. Aber der vermeintliche Sonnenbrand fühlte sich irgendwie anders an und sah eher pickelig aus.

Da ich fünf Jahre zuvor schon einmal einen Hautkrebs im Gesicht hatte, fuhr ich nach unserer Heimreise in die Klinik, in der ich damals operiert wurde. Die erste Diagnose lautete »Sonnenallergie« und der Therapievorschlag hieß »Kortison wird's schon richten«.

Einige Tage später wiesen Muskelschmerzen in den Oberarmen aber in eine andere Richtung. Ich fuhr wieder in die Klinik und bot als Diagnose eine Dermatomyositis an (ich erkläre die Krankheit immer so, dass es sowas wie Rheuma ist, nur nicht am Knochen, sondern am Muskel). Unverzüglich erfolgten die stationäre Aufnahme und unzählige diagnostische Untersuchungen.

Zwei Tage später teilte mir der Chefarzt der Hautklinik mit, dass man leider festgestellt habe, dass es sich bei der Dermatomyositis um ein paraneoplastisches Syndrom handele und eine Peritonealkarzinose dafür verantwortlich sei. Das hat mir der Arzt dann so erklärt, dass es sich bei der Krankheit nicht um eine eigentliche Erkrankung handelt, sondern um ein Signal dafür, dass mein Bauchfell von Krebs befallen ist.

Eine Stunde später (die mir wie eine Ewigkeit vorkam und mein Leben »einfror«) erschien ein Oberarzt und fragte mich, ob ich zu der Diagnose

Leidfaden, Heft 3/2025, S. 59–62, ISSN (Printausgabe): 2192-1202, ISSN (online): 2196-8217, © 2025 Vandenhoeck & Ruprecht

noch Fragen hätte. Die einzige Frage, die mir einfiel, war die nach meiner Restlaufzeit. Ein Monat bis maximal ein Jahr, erfuhr ich nun.

Die Ohnmacht, die ich theoretisch jetzt erwartet hätte, überkam mich nicht. Vielmehr beschäftigten mich Fragen wie zum Beispiel: Wie sag ich's meinem Mann, wie sag ich's meinem Sohn, der heute Geburtstag hat, was muss ich noch regeln, werde ich verrecken oder einfach einschlafen, wie plant man denn eigentlich so 'ne Beerdigung, brauche ich eine Vorsorgevollmacht, eine Patientenverfügung, ein Testament und so weiter. Mein Einzelzimmer mit Milchglasfenster bot genug Schutz für alle Gefühlsausbrüche, die allerdings ausblieben.

Und dann kam auch schon der erste Auftritt der neuen Macht. Ich durfte sofort alles Mögliche, was sonst keiner der Coronagefangenen durfte. Möchten Sie Besuch empfangen oder lieber über das Wochenende nach Hause fahren? Wünschen Sie einen Seelsorger oder eine psychoonkologische Mitarbeiterin?

Ich fuhr nach Hause. Allerdings erwischte mich die Ohnmacht vorher doch noch. Auf der Suche nach dem Ursprung der Peritonealkarzinose (Bauchfellkrebs) ergab sich histologisch die Diagnose eines Ovarialkarzinoms (Eierstockkrebs). Das konnte ich nicht glauben, da vor fast dreißig Jahren meine Gebärmutter, Eierstöcke und Eileiter entfernt worden waren. Ich war ohnmächtig ob dieser Diagnose. Einen bei der damaligen OP offensichtlich vergessenen Eileiter fand man dann bei der späteren Omentektomie (chirurgische Entfernung des Bauchfells).

Meinen Ehemann traf die Ohnmacht mit voller Wucht und auch heute noch überwältigt ihn diese Ohnmacht jedes Mal, wenn irgendwelche Kontrolluntersuchungen stattfinden. Inzwischen haben wir vereinbart, dass ich ihn vor den Untersuchungen gar nicht mehr informiere, sondern ihm nur die Ergebnisse mitteile.

Wenn ich die Etymologie von Ohnmacht mit »keine Kraft« benenne, dann trifft das im Fall

Privat

meines Ehemanns hundertprozentig zu. Er war und ist geradezu gelähmt durch die Angst, mich zu verlieren. Und diese Angst taucht bei jeder Kontrolluntersuchung auf. Das letzte CT war am 19. März 2024. Der Termin stand lange vorher fest. Das Ergebnis war erfreulich, auch wenn das Kontrastmittel mir ein paar Stunden Notfallszenarien bescherte. Aber ich fuhr fröhlich nach Hause. Meinen Mann hatte ich natürlich schon per Telefon über die guten Nachrichten informiert.

Am 20. März hatte ich Geburtstag, aber davon war bei uns zu Hause nichts zu spüren: keine Blumen, kein Kuchen, keine Kerzen, keine liebevollen Geschenke. Ich war sehr traurig und enttäuscht. Doch durch diesen Vorfall begriff ich die Ohnmacht meines mich so sehr liebenden Partners.

Meine eigene Ohnmacht erlebte ich in verschiedenen Situationen in den letzten vier Jahren, von denen ich mindestens drei Jahre ja eigentlich schon gar nicht mehr leben dürfte, wenn man der Erstdiagnose und der damit verbundenen Prognose Glauben geschenkt hätte. Und auch hier gefällt mir die Etymologie sehr gut, denn keine Kraft zu haben für die vermeintlich einfachsten Dinge, beschreibt das Gefühl der Ohnmacht aus meiner Erfahrung sehr passend.

Die Tatsache, dass ich immer noch lebe (und zwar verdammt gut), verdanke ich dem Glück, dass mein Bruder, der onkologisch und palliativ sehr gut vernetzt ist, mich mit einem großartigen Arzt in Kontakt brachte, der den Mut hatte zu sagen, dass eine Heilung bei Gelingen aller möglichen medizinischen Interventionen möglich ist.

Chronologie der Erkrankung

Mai 2021: Erstdiagnose
Juni 2021: Operation Omentektomie (chirurgische Entfernung des Bauchfells)
2021 bis 2022: Chemotherapie (6 Zyklen)
November 2022: Lymphknotenmetastasen
Dezember 2022 bis Januar 2023 – Bestrahlungen (28) und Chemotherapie (3 Zyklen)
März 2023: Notoperation Ileus (Darmverschluss)
Juli 2023: Notoperation Portinfektion
März 2024: Anaphylaxie nach Kontrastmittelgabe (schwere allergische Reaktion)

Seither vollkommen beschwerdefrei und sehr glücklich. Ohnmacht erlebte ich immer dann, wenn ich mich der Krankheit total ausgeliefert fühlte und nichts dagegensetzen konnte.

Das letzte Haar, das ich durch die Chemotherapie verlor, war eine Wimper. Ich habe mir die Augen aus dem Kopf geheult. Das erste Haar, das mir wieder wuchs, war ein Barthaar. Darüber konnte ich lachen.

Das totale Ohnmachtsgefühl traf mich bei der Diagnose der Lymphknotenmetastasen. Hatte ich bis dahin immer noch die Kraft, an eine vollständige Genesung zu glauben, so zerfiel diese Kraft in Sekundenbruchteilen.

Wechselspiel von Macht und Ohnmacht

Die Macht habe ich entdeckt und tatsächlich auch als angenehm empfunden, immer wenn meine Mitmenschen, und besonders mein Ehemann, sich meiner Leistungsfähigkeit angepasst haben und alles, was ich tat oder eben auch nicht tat, absolut akzeptierten. Ich konnte essen (Chips zum Frühstück) und trinken (auch ein Gläschen Wein am Vormittag), was ich wollte, fernsehen oder schlafen, spazieren gehen oder eben auch nicht. Meine Haushaltshilfe stellte Suppen und Pudding in meinen Kühlschrank. Meine Schwestern, zu denen ich bis zur Diagnose fast gar keinen Kontakt hatte, schickten mir liebevolle Pakete und wir organisierten sogar ein Treffen.

Die Rücksichtnahme, die ich in meinem gesamten Umfeld erfuhr, überwältigte mich. Nie vorher fühlte ich mich so sehr geliebt und geschätzt. Momente des totalen Glücksgefühls waren trotz extremer Schmerzen und anderer körperlicher Einschränkungen immer wieder vorhanden.

Macht und Ohnmacht lebten in mir in einem ständigen Wechselspiel. Mit der palliativen Diagnose aus der ersten Klinik hatte ich mich schnell abgefunden und fühlte mich dennoch »handlungsfähig«. Ich plante meine Beerdigung, machte mir Gedanken, was von mir auf dieser Welt bleiben soll und was ich auf jeden Fall noch machen möchte. So wollte ich zum Beispiel unbedingt mit meinen Enkelkindern fliegen und das tat ich. Ich überraschte die beiden vier und sieben Jahre alten Kinder und flog mit ihnen von Frankfurt nach Bremen und zurück. Ein unvergessliches Erlebnis für uns alle.

ANHALTEND

Mein
Schmerz
lebt noch
dein
Leben.

Angst,
wenn
er heilt,
dich
zu
verlieren.

Die Möglichkeit, das Ganze doch zu überleben, die mir in der zweiten Klinik als Chance offeriert wurde, hat mich in gewisser Weise auch wieder von meiner »Macht« in eine erneute »Ohnmacht« katapultiert, da ich mich der Medizin und den ärztlichen Fähigkeiten ausliefern musste. Ich konnte wenig selbst beeinflussen, sondern musste mich auf die Richtigkeit der ärztlichen Entscheidungen verlassen.

Ob ich heute geheilt bin oder nicht, weiß niemand. Aber ich bin so glücklich wie nie zuvor. Ich habe mein Leben ganz neu entdeckt, ich genieße jeden Tag. Die Liebe, die ich gebe und bekomme, ist sehr viel intensiver. Das Gras ist grüner, die Sonne scheint heller. Die Kraft, die ich habe, fühlt sich großartig an. Bei allen sportlichen Aktivitäten spüre ich das.

Und etwas von der Macht, die mir die Krankheit verliehen hat, ist auch geblieben. Aber das kann ich nicht verraten – vielleicht liest mein Mann diesen Artikel ja doch irgendwann. Aktuell will er das nicht, denn seine Ohnmacht ist immer noch nicht komplett überwunden, aber man weiß ja nie …

»Es ist nichts so schlecht, dass es nicht für irgendwas gut ist«

Ohne die Schweizer Alpensonne wäre die Dermatomyositis vielleicht noch lange nicht ausgebrochen und jede Hilfe gegen den Krebs wäre zu spät gekommen. Diese lästige Krankheit war in meinem Fall somit möglicherweise lebensrettend.

Und: Mein zeitlich unbefristeter Schwerbehindertenausweis mit 100 Prozent GdB schenkt mir an jedem Morgen in der Schweiz, wenn ich zum Skifahren parken will, ein freundliches Lächeln des Parkwächters und einen Platz direkt vor dem Skilift (dass da gar kein G auf meinem Ausweis ist, versteht der freundliche Schweizer nicht ☺).

Ute Geier, Jahrgang 1959, war Gebietsleiterin in der Pharmaindustrie. Seit 2021 ist sie aufgrund ihrer Krebserkrankung 100 Prozent erwerbsgemindert und 100 Prozent schwerbehindert. Sie ist verheiratet und hat einen erwachsenen Sohn und zwei Enkelkinder.

Kontakt: ute.geier.privat@gmail.com

Die Rolle von Macht und Ohnmacht im Familiensystem während einer unheilbaren Erkrankung und in Zeiten der Trauer

Anneke Ullrich und Karin Oechsle

Die unheilbare, fortschreitende Erkrankung eines Familienmitglieds oder der Verlust eines geliebten Menschen stellt das Familiensystem vor außergewöhnliche Herausforderungen. In diesen schwierigen Zeiten kann das Thema »Macht und Ohnmacht« in besonders prägnanter Weise zum Tragen kommen. Dieser Artikel beleuchtet die Dynamiken von Macht und Ohnmacht im familiären Miteinander und gibt Impulse für die Unterstützung von betroffenen Familien.

Verständnis und Bedeutung von Macht und Ohnmacht im Familiensystem

In Krisenzeiten wie der schweren Erkrankung eines Familienmitglieds oder in einem Trauerfall vermischen sich Macht und Ohnmacht auf komplexe Weise im Familiensystem. Eine erkrankte Person hat möglicherweise nicht mehr die Macht, das Familiengeschehen zu beeinflussen, während andere Familienmitglieder mit der Verantwortung für Pflege und Entscheidungen überfordert sein können. Gleichzeitig gibt es oftmals ein starkes Bedürfnis nach Kontrolle und Entscheidungsmacht – sei es, um die Krankheit und ihre Folgen zu bewältigen oder um die Zukunft der Familie nach einem Verlust zu gestalten.

Verständnis von Macht und Ohnmacht

Macht in einem Familiensystem bezeichnet die Fähigkeit, Einfluss auf andere Familienmitglieder auszuüben, Entscheidungen zu treffen und Veränderungen herbeizuführen. In einem gesunden Familiensystem wird Macht idealerweise geteilt und respektvoll ausgeübt, wobei alle Mitglieder mit ihren Bedürfnissen und Wünschen Gehör finden.

Ohnmacht hingegen beschreibt einen Zustand der Hilflosigkeit oder Unfähigkeit, etwas zu verändern. Sie entsteht oft durch äußere Umstände, die das Gefühl verstärken, Kontrolle über das eigene Leben oder die eigenen Beziehungen verloren zu haben. In Krisenzeiten wird dieses Gefühl im Familiensystem häufig intensiv erlebt, jedoch selten aktiv (mit-)geteilt.

Auswirkungen von Macht und Ohnmacht im Familiensystem

Wenn ein Mitglied schwer erkrankt oder verstorben ist, können sich die Rollenverteilung innerhalb einer Familie dramatisch ändern. Funktionen, Aufgaben und Verantwortlichkeiten, die diesem Familienmitglied oblagen, müssen von anderen übernommen werden, sei es in der Pflege, der finanziellen Verantwortung oder der emotionalen Unterstützung. Diese Veränderungen führen oft auch zu einer Neuverteilung von Macht und Einfluss. Mitglieder, die zuvor weniger im Mittelpunkt der Entscheidungsprozesse standen, können nun eine dominantere Rolle übernehmen, während diejenigen, die als zentrale Autoritäten galten, mit ihrer eigenen Verletzlichkeit oder Trauer konfrontiert sind. Diese Umstrukturierung kann zu einer erneuten Stabilisierung des Systems, aber auch zu Ohnmachtsgefühlen, Überforderung und Konflikten führen, je nachdem, wie gut die Familie mit diesen Veränderungen umgehen kann.

Leidfaden, Heft 3 / 2025, S. 63–67, ISSN (Printausgabe): 2192-1202, ISSN (online): 2196-8217, © 2025 Vandenhoeck & Ruprecht

Ohnmacht entsteht in einem Familiensystem auch durch die komplexen inneren Konflikte, die in Krisenzeiten auftreten. In vielen Fällen erleben Familienmitglieder einen tiefen Widerspruch: Sie möchten der erkrankten Person helfen, Schmerz lindern und die Lebensqualität verbessern oder den Prozess der Trauerverarbeitung aktiv gestalten. Gleichzeitig sind sie sich der eigenen Ohnmacht bewusst – sie erkennen, dass die Situation nicht vollständig kontrollierbar ist. Die Ohnmacht wird dann auch emotional erlebbar: als Trauer, Wut, Angst und Verzweiflung.

Diese Ohnmachtsgefühle sind jedoch nicht isoliert zu betrachten. Sie entstehen nicht nur auf individueller Ebene, sondern auch als Teil eines komplexen, wechselseitigen Prozesses innerhalb des Familiensystems. So kann etwa der Versuch, ein Gefühl von Kontrolle und Einfluss aufrechtzuerhalten, zu einer Übernahme von Verantwortung führen, die in Wirklichkeit zu viel für eine einzelne Person ist. Diese Dynamik wird oft von der Annahme begleitet, dass »jemand stark sein muss« oder »jemand die Kontrolle behalten muss«, was die einzelnen Familienmitglieder zusätzlich belastet. In einer systemischen Perspektive wird daher besonders betont, wie wichtig es ist, die Ohnmacht als eine kollektive Erfahrung innerhalb des Familiensystems zu betrachten.

Macht und Kontrolle können Familienmitgliedern als Überlebensstrategie dienen. Wenn ein Mitglied spürt, dass es keine Kontrolle über das Geschehen hat oder die Situation nicht beeinflussen kann, kann dies zu einer verstärkten Übernahme von Macht in Bereichen führen, die normalerweise von anderen getragen werden. Dies kann sich in verschiedenen Formen zeigen: Es werden Entscheidungen getroffen, ohne die anderen Familienmitglieder einzubeziehen, Verantwortlichkeiten übernommen, die nicht der eigenen Rolle entsprechen, oder die Sorgen und Wünsche anderer werden ignoriert. Eine Übernahme von Macht kann als Abwehrmechanismus dienen, um die eigene Hilflosigkeit zu kompensieren. Allerdings hat sie oft negative Auswirkungen auf das Familiensystem. Sie führt zu einer ungleichen Machtverteilung, wodurch Spannungen und Konflikte entstehen können. Anderen Familienmitgliedern wird ihre Mitbestimmung und Entscheidungsfreiheit genommen, was Frustration und Entfremdung zur Folge haben kann. In solchen Situationen kann sich das Gefühl der Ohnmacht in der Familie noch weiter verstärken, da die Kontrolle von einer Person monopolisiert wird, während andere sich ausgeschlossen oder übergangen fühlen.

Ein zentraler Aspekt im Umgang mit Macht und Ohnmacht in einem Familiensystem ist deswegen die Fähigkeit, in dieser schwierigen Zeit kooperativ miteinander umzugehen. Das Miteinander – sowohl im praktischen als auch im emotionalen Bereich – ist essenziell. Dabei geht es weniger darum, wer die »Macht« hat, sondern darum, ein gemeinsames Verständnis für die Situation zu entwickeln und zu einer gemeinsamen Handlungsweise zu kommen.

Unterstützung von Familien im Spannungsfeld von Macht und Ohnmacht

Verstehen und Anerkennen von Ohnmacht

Eine der zentralen Aufgaben in der Begleitung von Familien besteht darin, das Gefühl der Ohnmacht anzuerkennen und zu validieren. Es ist wichtig, diesen Gefühlen Raum zu geben und nicht zu versuchen, sie zu minimieren. Wir können Familienmitglieder ermutigen, sich gegenseitig in ihrer Machtlosigkeit und damit zusammenhängenden Bedürfnissen wahrzunehmen und zu unterstützen. Ohnmacht wird so nicht nur als individuelle Erfahrung begriffen, sondern als ein gemeinsames Erleben, das auf unterschiedliche Weise im Familiensystem reflektiert wird. Wir können dabei helfen, dass alle Mitglieder verstehen, dass ihre Ängste und Sorgen nicht nur normal sind, sondern Teil eines größeren familiären Prozesses, in dem jeder seine eigene, wertvolle Rolle spielt. Gerade auch in Situationen einer »Machtübernahme« sollte der Fokus zunächst auf das zu-

grundeliegende Gefühl der Hilflosigkeit gerichtet werden. Ein wichtiger Schritt ist es, betroffenen Familienmitgliedern zu helfen, ihre eigenen Gefühle von Ohnmacht einzuordnen und zu verstehen, dass die Übernahme von Macht häufig ein unbewusster Versuch ist, einen inneren Kontrollverlust zu kompensieren. Wir können dabei unterstützen, alternative Wege zu finden, mit der Unsicherheit umzugehen, ohne die Macht innerhalb der Familie einseitig zu verteilen. Zudem ist es wichtig, zu verdeutlichen, dass Kontrolle nicht gleichbedeutend mit der Lösung aller Probleme ist. Die Anerkennung der Unvorhersehbarkeit und der Grenzen der eigenen Einflussmöglichkeiten kann dabei helfen, den Druck zu mindern.

Macht und Verantwortung bewusst teilen

In vielen Familien, die mit einer schweren Erkrankung oder einem Verlust konfrontiert sind, entsteht der Druck, alles selbst bewältigen zu wollen. Es ist jedoch wichtig, dass Verantwortung nicht nur auf einzelne Familienmitglieder übertragen wird. Wir können Familien helfen, Verantwortung zu teilen und in den Bereichen Unterstützung zu suchen, in denen sie allein nicht weiterkommen – sei es durch professionelle Hilfe, Selbsthilfegruppen oder das Einbeziehen von Freund:innen und Verwandten. Ressourcen können so aktiviert werden und das Gefühl von Ohnmacht mindern und Handlungsspielräume schaffen.

August Macke, Farbkreis, 1913–14 / INTERFOTO / fine art images

Wir können dabei als Moderator:innen auftreten, die Raum für die Bedürfnisse aller Familienmitglieder schaffen und darauf hinwirken, dass Macht wieder gerechter verteilt und Verantwortung gemeinsam getragen wird.

Die Förderung einer klaren und transparenten Kommunikation innerhalb der Familie ist dabei von großer Bedeutung. Wir können Familienmitglieder dabei unterstützen, ihre Bedürfnisse und Wünsche untereinander klar zu äußern, ohne dass jemand das Gefühl hat, die Kontrolle oder Macht zu verlieren. Der Dialog kann dazu führen, dass alle das Gefühl haben, gehört und respektiert zu werden und Konflikte zu vermeiden, die oft aus Missverständnissen und unausgesprochenen Erwartungen entstehen. Wir können dabei als Moderator:innen auftreten, die Raum für die Bedürfnisse aller Familienmitglieder schaffen und darauf hinwirken, dass Macht wieder gerechter verteilt und Verantwortung gemeinsam getragen wird.

Grenzen erkennen und respektieren

Ein zentraler Aspekt in der Begleitung von Familien ist das Thema »Grenzen«. Gerade in Zeiten der Krankheit oder Trauer überschreiten Familienmitglieder oft die eigenen oder die Grenzen anderer – sei es durch zu hohe Erwartungen oder aus dem Gefühl der Überforderung heraus. Wir können Familien helfen, ihre eigenen Grenzen zu erkennen und respektvoll mit den Grenzen der anderen umzugehen, und darauf achten, dass niemand in die Rolle des »Rettenden« gerät, um sich vor der eigenen Ohnmacht zu schützen.

Wir können Familien dabei unterstützen, dass Trauer als individueller Prozess anerkannt wird, der nicht in festen Mustern verläuft, und dass alle Formen der Trauer zugelassen werden. Es kann darauf hingewirkt werden, dass das »eine« Narrativ der Trauerbewältigung nicht mit Macht durchgesetzt wird, da dies Familienmitglieder unter unnötigen Druck setzen und individuelle Trauerprozesse blockieren kann. Dies fördert die Akzeptanz und das Verständnis dafür, dass es in Krisenzeiten keine »richtige« oder »falsche« Art der Trauer oder der Reaktion auf die Krankheit gibt, sondern dass alle Familienmitglieder ihre eigene Art und Weise entwickeln müssen, um mit der Ohnmacht umzugehen.

Fazit

Das Thema »Macht und Ohnmacht« ist in Familien, die mit einer schweren Erkrankung oder einem Verlust konfrontiert sind, besonders präsent. Dies spiegelt die Dynamiken wider, die im Familiensystem entstehen, wenn vertraute Rollenbilder und Machtstrukturen hinterfragt oder aufgehoben werden. Es ist entscheidend, diese Prozesse zu erkennen, Familien in ihrer Ohnmacht zu begleiten und zugleich Ressourcen und Handlungsräume zu aktivieren. Durch eine respektvolle und offene Kommunikation, das Teilen von Verantwortung und das Fördern von Kooperation kann es gelingen, Familienmitglieder zu stärken und gemeinsam durch die Krise zu navigieren.

Die Fähigkeit, mit Ohnmacht umzugehen und zugleich handlungsfähig zu bleiben, unterstützt Familien dabei, neue Perspektiven auf Macht und Verantwortung im Miteinander zu entwickeln.

© PicturePeople, Hamburg

Dipl.-Soz. **Anneke Ullrich** ist Leitende Wissenschaftlerin in der Palliativmedizin am Universitätsklinikum Hamburg-Eppendorf. Sie ist Soziologin und ausgebildete Systemische Therapeutin und Psychoonkologin. Der Fokus ihrer Tätigkeiten liegt auf den Angehörigen – dies schließt die Situation und Unterstützungsmöglichkeiten von Angehörigen sowohl im Verlauf einer unheilbaren Erkrankung als auch in Zeiten der Trauer ein.

Kontakt: a.ullrich@uke.de

Univ.-Prof. Dr. med. **Karin Oechsle** hat eine Professur für Palliativmedizin mit Schwerpunkt Angehörigenforschung und ist die ärztliche Leitung der Palliativmedizin am Universitätsklinikum Hamburg-Eppendorf. Von Haus aus ist sie Onkologin, aber seit vielen Jahren ausschließlich in der Palliativmedizin tätig. Ihr wissenschaftlicher Schwerpunkt liegt auf den Bedürfnissen und Problemen der Angehörigen von Menschen in palliativer Erkrankungssituation sowie den Möglichkeiten, diese zu unterstützen.

Kontakt: kaoechsl@uke.de

Verändert die zunehmende Ökonomisierung die Haltungen in der Hospizarbeit?

Eine persönliche Betrachtung

Ilka Jope

Einerseits ist die Haltung bei einer Handlung etwas sehr Individuelles, Persönliches und haupt- und ehrenamtlich Tätige in der Hospizarbeit bringen in ihrem Tun immer etwas davon mit. Andererseits werden in hospizlichen Angeboten konkrete Haltungen als verbindliche Voraussetzungen bedacht und benannt. Es finden sich in Konzepten und Veröffentlichungen entsprechende Hinweise. Und in Stellenausschreibungen wird neben fachlichen Qualifikationen auch nach Haltungen verlangt. Da heißt es zum Beispiel: *eine offene und positive Haltung, Einfühlungsvermögen, eine professionelle, wertschätzende Grundhaltung* oder auch *offene, empathische und wohlwollende Haltung für Hospizgäste und deren Angehörige.*

In der Hospizarbeit wird die sogenannte *hospizliche Haltung* gelebt und wenn wir so wollen, bildet sie einen Markenkern von Hospiz. Wir können in der inzwischen langen Geschichte der Hospizbewegung grundsätzlich davon ausgehen, dass im Hospiz, ambulant und stationär, persönliche und konzeptionell beschriebene Haltungen fest verwurzelt sind und gelebt werden. Dass sie das Wesen der Hospizarbeit bestimmen und Bezugspunkte darstellen für die Entscheidung, in diesem Bereich tätig zu sein.

Wie kommen Ökonomisierungstendenzen in die Hospizarbeit?

Um dieser Frage nachzugehen, lohnt sich ein kurzer Blick in die Geschichte der Finanzierung von Hospizarbeit. Viele Jahre entwickelte sich die Hospizarbeit auf der Basis von persönlichem Engagement, Spenden und Förderprojekten in den Gemeinden und Bundesländern. Eine gesetzlich geregelte Finanzierung der stationären Hospizarbeit durch die Krankenkassen gibt es in Deutschland seit 1998. Davor förderten die Krankenkassen stationäre Hospizleistungen auf freiwilliger Basis. Mit Inkrafttreten des § 39a Abs. 1 Satz 4 SGB V zum 1. Januar 1997 und der dazugehörigen Rahmenvereinbarung änderte sich das. Nun konnte das Hospiz durch Verhandlung eines sogenannten Tagespflegesatzes auf der Basis einer Budgetierung der angebotenen Leistungen auf eine regelhafte und sichere Finanzierung zurückgreifen. Lediglich 10 Prozent der Kosten mussten weiterhin vom Hospiz in Form von Spenden refinanziert werden.

In der ambulanten Hospizarbeit begann eine geregelte Finanzierung in Form von Förderung durch die Krankenkassen 2002, nachdem der Gesetzgeber den § 39a Abs. 2 SGB V am 14. Dezember 2001 mit Wirkung vom 1. Januar 2002 in Kraft gesetzt hat. Diese Förderung umfasste zunächst die Personal- und Weiterbildungskosten der Hospizdienste, wenn konkrete Fördervoraussetzungen erfüllt wurden.

Diese Entwicklung hat viel Planungssicherheit ausgelöst und führte zum deutlichen Ausbau der ambulanten Hospizangebote. Infolgedessen vergrößerte sich die Zahl der ehrenamtlich Engagierten in diesem Bereich enorm, was wiederum die Verbreitung der Hospizidee deutlich vorantrieb.

Von einer Tendenz zur Ökonomisierung kann bis dahin nicht gesprochen werden, eher von auskömmlicher Finanzierung.

Leidfaden, Heft 3 / 2025, S. 68–71, ISSN (Printausgabe): 2192-1202, ISSN (online): 2196-8217, © 2025 Vandenhoeck & Ruprecht

Das Tempo des sterbenden Menschen einzunehmen, um sie oder ihn tatsächlich zu begleiten und eben nicht zu führen, kennzeichnet das Wesen der Hospizarbeit. Und das steht ganz klar in direkter Konkurrenz zu Leistungsdruck und Ökonomisierung in der Hospizarbeit.

Die Einführung des Hospiz- und Palliativgesetzes (HPG) im Dezember 2015 und der darin umgesetzte politische Wille für den Ausbau der Hospiz- und Palliativangebote in Deutschland waren erneut ein starkes Signal, nicht zuletzt durch die darin ausdrücklich festgelegte Verbesserung der Rahmenbedingungen, explizit der deutlichen Verbesserung der Finanzierung von Leistungen. Die Hospizarbeit konnte dadurch einen weiteren großen Schritt in die Mitte der Gesellschaft machen. Heute scheint sie dort auch endgültig angekommen zu sein.

So weit, so gut, alles sollte jetzt gut laufen. Die Hospizarbeit hat eigene Gesetze, eine sehr gute Lobby, bundesweit gültige Rahmenverträge, die regelmäßig inhaltlich überprüft werden. Wenn es jetzt noch gelingt, die Trauerbegleitung in die gesetzlich geregelte Finanzierung einzubringen, sind alle wesentlichen Angebote regelhaft finanziert.

Angekommen ist die Hospizarbeit nicht nur in der Mitte der Gesellschaft, sondern auch in der an ökonomischen Prinzipien ausgerichteten Gesundheitswirtschaft. Ebenso angekommen in den Kontroll-, Nachweis- und Effizienzanforderungen des Marktes sowie der finanzierenden Krankenkassen.

Mit Blick auf die konzeptionell fest verwurzelten Haltungen kann das durchaus zur Herausforderung werden.

Hat die Ökonomisierung überhaupt etwas mit den konzeptionell verwurzelten Haltungen in der Hospizarbeit zu tun?

Ich meine: Ja! Nach meiner Wahrnehmung weckt die so aufgestellte Finanzierung der Hospizangebote durchaus ökonomische Interessen, sowohl in den Institutionen als auch bei den Krankenkassen. Und holt diesbezüglich neue Akteure und Inhalte in die Hospizarbeit, provoziert gewinn- und effizienzorientiertes Denken und nicht zuletzt lässt sie die Bürokratie enorm wachsen. Es geht eben nicht mehr nur um Wirtschaftlichkeit, sondern auch um Profitabilität und Effizienz. Das machen die Erfahrungen der Jahre nach Einführung des HPG deutlich. So wuchs das Leistungsprinzip auch in die Hospizarbeit hinein und kollidiert zuweilen mit den dort gelebten Haltungen.

Hospiz als Kostenstelle?

Die Zahl der neu entstandenen und entstehenden stationären Hospize bundesweit ist seit 2016 in kurzer Zeit überaus dynamisch gestiegen, unbeeindruckt bekannter Bedarfszahlen und sinnvoll regionaler Verteilung. Seitdem 2016 zusätzlich die Sachkosten in die Förderung der ambulanten Hospizdienste aufgenommen wurden, entstand eine Verlagerung der Verantwortlichkeiten für die Förderanträge in Richtung Verwaltungen beziehungsweise Geschäftsleitungen. Koordinator:innen arbeiten vielfach nur noch zu und tragen trotzdem teilweise schwer an der Sorge um die Wirtschaftlichkeit des Dienstes. Ein Anstieg der ambulanten Hospizdienste wurde durch das HPG nicht ausgelöst. Seit 2011 ist die Zahl von 1.500 ambulanten Hospizdiensten deutschlandweit gleichgeblieben (www.dhpv.de/).

Es tauchen zudem neue Begriffe in Verbindung mit Hospizarbeit auf. Man hört und liest von Hospizmarkt und Dividenden, Effizienz, Rentabilität oder Profitabilität. Aber auch von Zielerreichungskontrolle, Wettbewerb, Wertschöpfung und Leistungsorientierung.

Die Pionierzeiten sind vorbei, was hat sie gekennzeichnet?

Für mich bedeutete Hospiz Bürgerbewegung, Aufbruchstimmung, Kreativität, persönliches Engagement und Risikobereitschaft, aber auch unsichere Finanzierung, schlechte Bezahlung, Spendenabhängigkeit, Konzept- und Büroarbeit an Küchentischen.

Und was ist nun mit den hospizlichen Haltungen: Können sie trotz zunehmender Ökonomisierung bestehen? Aus meiner Sicht wird der Druck in Richtung mehr Ökonomisierung die Haltung der Mitarbeitenden zu ihrer Rolle in der Organisation verändern, nicht aber zum Mitmenschen. Das könnte eine Quelle für ein Dilemma sein. Die ursprüngliche Absichtslosigkeit als hospizliche Haltung kann dann Teil eines inneren Konflikts werden. Besonders dann, wenn der organisationsbedingte Leistungsdruck so verstärkt wird, dass dadurch der Spagat zwischen abstrakter Aufgabenerfüllung einerseits und dem Anspruch nach absichtsloser Betroffenenorientierung andererseits immer größer wird.

Hospizarbeit ist fragil

Haltungen wie Verständnis, Wertschätzung, Empathie, Achtsamkeit, Respekt, Barmherzigkeit als voraussetzende Verbindlichkeiten dem sterbenden Menschen und seinen Angehörigen gegenüber, brauchen innere Überzeugung, innere Ruhe und Zeit. Das Tempo des sterbenden Menschen einzunehmen, um sie oder ihn tatsächlich zu begleiten und eben nicht zu führen, kennzeichnet das Wesen der Hospizarbeit. Und das steht ganz klar in direkter Konkurrenz zu Leistungsdruck und Ökonomisierung in der Hospizarbeit.

Hier gilt es für alle in der Hospizarbeit Tätigen, aufmerksam zu sein und zu bleiben; die Wahrnehmungsfähigkeit auch auf die eigene innere Haltung und die Frage nach der persönlichen Selbstwirksamkeit anzuwenden, trotz institutioneller Zwänge. Das ist zuweilen schwer und erfordert immer wieder Mut und den Dialog mit allen Beteiligten.

Ich denke und arbeite daran, dass wir mit und trotz besagter Ökonomisierungstendenzen in der Hospizarbeit immer wieder in den konstruktiven Dialog mit allen Akteuren treten, auch mit denen, die fern der Begleitungen agieren.

Es scheint mir wichtig, einer neuen Generation von wirtschaftlich Verantwortlichen auf Augenhöhe zu verdeutlichen, was die Hospizarbeit ausmacht, wie sie entstanden ist und wovon sie getragen wird. Diese Rolle kann jede und jeder Hospizler einnehmen. Sie können immer wieder zeigen, dass die Hospizbewegung nach wie vor eine Bürgerbewegung ist und sich ihr Wirken für Planungen nach ökonomischen Prinzipien nicht eignet!

Hier sehe ich auch eine Aufgabe für die Landesverbände der Hospizarbeit. Sie können die einzelnen Hospize und ambulanten Hospizdienste, über deren Mitgliedschaft im Landesverband, unterstützen und den benannten Dialog befördern.

Verändert die zunehmende Ökonomisierung die Haltungen in der Hospizarbeit?

Ja, sie kann die Haltung der Mitarbeitenden zu ihrer Rolle in der Organisation verändern. Dann, wenn Gewinnorientierung und Effizienz Betroffenenorientierung und Absichtslosigkeit verdrängen wollen. Wenn Mitarbeitende mit hospizlicher Haltung den Halt der Organisation verlieren. *Und nein,* sie beeinflusst die Haltungen in der Hospizarbeit nicht, wenn der Dialog über das Wesen, die Geschichte und die Haltungen der Hospizbewegung lebendig bleibt und aktiv weitergetragen wird.

Ilka Jope, Krankenschwester und MAS Palliative Care, gestaltete und verantwortete Anfang der 2000er Jahre in Thüringen ein Bundesmodellprojekt, das zur Eröffnung des ersten Thüringer Stationären Hospizes in Bad Berka im Jahr 2005 führte. Als Dozentin, Beraterin und Projektleiterin hat sie sich intensiv mit der Entwicklung von Hospiz- und Palliativkonzepten befasst sowie deren Implementierung in ambulanten und stationären Pflegeeinrichtungen. Sie war Geschäftsführerin des Thüringer Hospiz- und Palliativverbands (THPV) und ist heute im THPV Fachreferentin für inhaltliche Verbands- und Gremienarbeit sowie Ansprechperson für Hospiz- und Palliativversorgung in Thüringen.

Kontakt: info@hospiz-thueringen.de

Abgewehrte Trauer als belastendes Gefühlserbe

Sven Rohde

»Inmitten der Ruinen schreiben die Deutschen einander Ansichtskarten von Kirchen und Marktplätzen, die es nicht mehr gibt. Und die Gleichgültigkeit, mit der sie sich durch die Trümmer begeben, findet ihre Entsprechung darin, dass niemand um die Toten trauert […] Dieser allgemeine Gefühlsmangel, auf jeden Fall aber die offensichtliche Herzlosigkeit, die manchmal mit billiger Rührseligkeit kaschiert wird, ist jedoch nur das auffälligste Symptom einer tief verwurzelten hartnäckigen und gelegentlich brutalen Weigerung, sich dem tatsächlich Geschehenen zu stellen« (zit. nach Baer und Frick-Baer, 2012, S. 34).

Ein Tagebucheintrag von Hannah Arendt aus dem Jahr 1950. Er lässt uns den Geist jener Jahre erfahren: die allgegenwärtige Abwehr der Trauer um die Toten und um die Heimat, die Abwehr auch der eigenen Verantwortung für dieses Inferno. Sieben Millionen Deutsche waren getötet, 13 Millionen Opfer deutscher Massenverbrechen, zwischen zwölf und 18 Millionen geflüchtet oder vertrieben, 30 Prozent des Wohnraums in den Städten vernichtet, vorsichtig geschätzt 900.000 Frauen Opfer sexualisierter Gewalt durch Soldaten der Besatzungstruppen. Um in der Not dieser Jahre überleben zu können, blieb vielen Menschen nur eine Möglichkeit – die Abspaltung all jener Gefühle, die sie sonst überspült und lebensunfähig gemacht hätten. Diese emotionale Abspaltung war zudem Ausdruck tiefer Ohnmacht gegenüber einer Realität, die nicht zu integrieren war. Das Nichtfühlen wurde zur letzten Form des Selbstschutzes.

In der Folge von Kriegen, Flucht und Vertreibungen gehört es zum Notfallmodus, der Trauer keinen Raum zu geben. Die ganze Energie wird fürs Überleben gebraucht, fürs Ankommen am neuen Ort im Deutschland der Nachkriegszeit: für das Wegräumen der Trümmer und den Wiederaufbau des Landes. Eine individuelle oder kollektive Trauer, die einen Abschluss mit dem Erlebten hätte bilden können, fand nicht statt.

Für das Verständnis der transgenerationalen Weitergabe von Trauer ist diese Schutzreaktion zentral. Denn es sind genau diese abgewehrten Emotionen, die von einer Generation zur nächsten übertragen werden. Eine Trauer, die nicht ausgelebt wurde, die steckengeblieben ist, wird zum Gefühlserbe. So wie die Ohnmacht angesichts der überwältigenden Erfahrungen. Beides wird zur Last für die Nachkommen.

Wenn sich Kinder und Enkel von Vertriebenen oder Geflüchteten auch heute noch rast- und heimatlos fühlen und in ihrem Veränderungsdrang ein ums andere Mal umziehen, kann das ein Ausdruck der abgewehrten Trauer der Vorfahren sein. Wie oft habe ich in Workshops davon erzählt bekommen, welch paradiesisches Bild die Eltern oder Großeltern von Schlesien oder Ostpreußen gezeichnet hätten. Es sind Verklärungen einer Heimat, von der es nie wirklich einen Abschied gab, ja nicht geben sollte. In der BRD sorgten die Vertriebenenverbände dafür, eine Rückkehr politisch zu instrumentalisieren; in der DDR war der Schmerz über die verlorenen Wurzeln verboten; das Anerkenntnis des Leids der »Umsiedler«, wie

sie in der DDR genannt wurden, hätte Spannungen mit den sozialistischen Verbündeten bedeutet. So können wir ahnen, wie es sich auswirkt, wenn Geflüchteten heute die Anerkennung als in Deutschland Lebende verweigert, ihre Rückkehr in ihre Herkunftsländer propagiert wird: Über die verlorene Heimat können sie nicht trauern, und in Deutschland dürfen sie nicht ankommen.

Wie stark transgenerationale Weitergaben, zuerst von Sigmund Freud »Gefühlserbschaften« genannt, das Leben der Nachfahren bestimmen können, wurde zuerst bei den Kindern der Holocaustüberlebenden nachgewiesen, später auch bei deren Enkel:innen sowie bei den Nachfahren der Täter:innen. Klinische Forschungen haben gezeigt, dass in diese Gefühlserbschaften bewusst verheimlichte oder unbewusst verleugnete sowie abgespaltene seelische Inhalte einfließen. Zum Gefühlserbe können sowohl traumatische Erlebnisse und unbetrauerte Verluste als auch Schuldgefühle gehören. Die Übertragung trägt nicht nur einen individuellen, sondern ebenso einen systemischen Aspekt in sich. Auch Bindungsmuster innerhalb von Familien überdauern oft mehrere Generationen.

Das hat weitreichende Folgen. Die Abwehr von Trauerreaktionen kann dazu führen, dass Gefühle überhaupt blockiert werden. Zentrale Bereiche der Persönlichkeit können gleichsam einfrieren, die Beziehungsfähigkeit erstarrt. Das individuelle Leid des Kriegsheimkehrers, der Großmutter, die sexualisierte Gewalt erleiden musste, des gedemütigten, geprügelten Kindes – es sickerte in das Familiensystem ein und schuf ein destruktives Muster von Bindung und Beziehung, das Generationen überdauern kann.

> Eindrucksvoll die Schilderung der Tochter einer Frau, die als Mädchen aus Ostpreußen fliehen musste: »Ich habe mich immer gefragt, warum meine Mutter so hart zu uns Kindern war. Wenn ich weinte, wurde ich in eine Kammer gesperrt. Bei Krankheit musste ich trotzdem zur Schule, sogar mit einer beginnenden Lungenentzündung. Dann fand ich ein Tagebuch meiner Großmutter von der Flucht 1945, meine Mutter war damals zwölf Jahre alt. Die Großmutter schrieb: ›Die Kindheit meiner Tochter ist mit dem heutigen Tag beendet. Ich muss sie jetzt zwingen, erwachsen zu sein, jede Gefühlsduselei gefährdet unser Leben. Wenn wir durchkommen wollen, dürfen wir nicht mehr weinen.‹ Das hat mir das Verhalten meiner Mutter verständlich gemacht. Gefühle zeigen, Gefühle haben – das ging nicht. Und die Gefühle ihres Kindes, meine, wurden zur Gefahr für ihre traumatisierte und verschlossene Seele« (Alberti, 2010, S. 17).

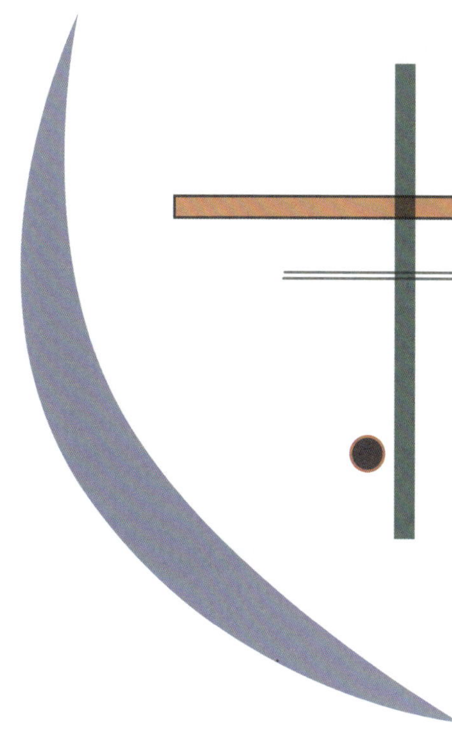

Wassily Kandinsky, Rot in Spitzform, 1925 / akg.images

Um in der Not überleben zu können, blieb vielen Menschen nur eine Möglichkeit – die Abspaltung all jener Gefühle, die sie sonst überspült und lebensunfähig gemacht hätten. Diese emotionale Abspaltung war zudem Ausdruck tiefer Ohnmacht gegenüber einer Realität, die nicht zu integrieren war.

Leidvolle Geschichten wie diese sind mir in Workshops und Coachings oft erzählt worden. Was dabei immer wieder deutlich wird, ist das lähmende Gefühl von Ohnmacht – ein Grundgefühl, das die Betroffenen bis ins Erwachsenenleben begleitet. Sie fühlen sich machtlos gegenüber dem Leid der Eltern, aber auch machtlos im Umgang mit dem eigenen Schmerz. In jedem Gespräch mit Sterbebegleiter:innen von Hospizvereinen ist dieses Thema präsent. Die Teilnehmenden zeigen sich hin und her gerissen zwischen ihrem Mitgefühl für das Leid ihrer Eltern in der Kriegszeit und der Fassungslosigkeit darüber, was ihnen selbst von den Eltern angetan wurde. Die Gefühlskälte und Ichbezogenheit vieler Kriegskinder ließ für die Generation der Babyboomer eine geradezu toxische Atmosphäre entstehen. Eine Folge davon kann eine erhöhte Vulnerabilität sein, die vor allem in Krisen die Handlungsfähigkeit beeinträchtigt.

Angesichts hinfälliger Eltern bekommt das leidvolle Erleben heute eine neue Dimension. Das Spannungsfeld zwischen ihrer Hilfsbedürftigkeit und der Selbstverständlichkeit, mit der sie ihre Kinder – vor allem die weiblichen – in Dienst nehmen, lässt genau jene Ohnmacht wieder aufleben, die schon die Kindheit bestimmt hatte. Ein Gefühl von Ausgeliefertsein, ohne Raum für Trost, Protest oder Schutz. Diese frühe Prägung von Hilflosigkeit und Überforderung wirkt im Erwachsenenalter wie ein inneres Echo fort. Und was den Kindern wiederum verwehrt wird: ein Anerkenntnis der eigenen Bedürfnisse, zumeist sogar ein schlichtes »Danke« fürs hingebungsvolle Kümmern. Trotzdem ist das Verhältnis geprägt von einer Loyalität, die die Kinder regelrecht an ihre Eltern fesselt.

Die Mauer des Verdrängens, die einst um die abgewehrte Trauer errichtet wurde, kann allerdings Risse bekommen, zumal in einer beginnenden Demenz. Das Gespräch darüber können seltener die Kinder führen als vielmehr die Enkel:innen, später auch Mitarbeitende in Pflegeheimen oder Hospizen und Sterbebegleiter:innen. Ein Drang, doch noch einmal über die belastenden Erinnerungen zu sprechen, zeigt sich. Für Zuhörende steckt hierin eine Aufgabe, die nicht zu unterschätzen ist, wie in einem meiner Workshops mit dem Team eines Hospizes deutlich wurde: Mit eigenen Themen sollte man ins Reine kommen, gekommen sein, damit Resonanz möglich wird.

Aber wie kann die Last der Gefühlserbschaften von den Nachkommen aufgelöst werden? Die Traumatherapeutin Luise Reddemann zeichnete in einem Online-Vortrag einen Weg vor. Es gehe für die Kinder darum, »sehr genau zu prüfen, ›was habe ich als kleines Kind von den Eltern übernommen und was habe ich konkret erlebt‹. Das ist auch ein Stück Trauerarbeit. Man kann der vorigen Generation nicht die Arbeit abnehmen, die sie nicht machen konnte oder wollte. Wer im Bombenkeller war, kann das nur für

sich selbst beklagen und betrauern.« Oder, um es mit dem Familientherapeuten Wolf Ritscher zu sagen: »Es macht keinen Sinn, wenn wir stellvertretend für die Opfer leiden. Das hilft den Opfern auch nicht mehr.«[1]

Und das selbst dann nicht, wenn die Trauer eine noch weitere, sehr bedrängende Dimension in sich trägt: den totalen Verlust der Menschlichkeit in Deutschland, der in einem Völkermord und einem Vernichtungskrieg mündete. Das Schuldgefühl, das viele Nachkommen nur zu gut kennen, ist dabei noch Teil einer Abwehr, wie die Psychotherapeutin Bettina Alberti sagt: »Solange ich noch Schuld empfinde – die ich als Nachgeborene ja nicht habe! –, bin ich in der Empörung gebunden. Wenn ich beginne, mich wirklich einzulassen auf das, was geschehen ist, erst dann kann die Trauer kommen. Der Weg dorthin ist lang, aber sehr wichtig. Er braucht Zeit, Empathie, auch viel Mut und dann die Fähigkeit, den Schmerz auszuhalten. Wenn wir dahin kommen, dass etwas wirklich beweint werden kann, dann ist eine Öffnung gelungen.«[2]

So wird auch der Weg zur Trauer über die Opfer in der eigenen Familie frei – weil sich nicht mehr dieses Schuldgefühl davorschiebt, das wir angesichts der Verstrickungen in ein verbrecherisches Regime und der jahrzehntelangen Verleugnung der Schuld verdrängen mussten. Wenn sich in Tränen auflöst, was so lange abgewehrt und blockiert war, kann es eine Erlösung sein.

Der Weg dorthin führt, so habe ich auch persönlich erlebt, ans Grab nie betrauerter Ahnen, an Orte ihrer verlorenen Heimat. So beschrieb es mir ein Mitarbeiter des Volksbundes Deutsche Kriegsgräberfürsorge. Oft habe er erlebt, wie Angehörige, die er zum Grab ihrer Vorfahren führte, die Fassung verloren, wie sie unter der Last des Schmerzes und der Trauer, die Jahrzehnte blockiert war, fast zusammenbrachen. Wie sie trotzdem danach erleichtert waren, diesen Schritt endlich gegangen zu sein.

Die Autorin Susanne Abel, erfolgreich mit ihren »Gretchen«-Romanen über transgenerationale Verstrickungen, beschreibt, wie es ihr erging, als sie am Grab ihres 1944 erschossenen Großvaters auf der Kriegsgräberstätte Niederbronn-les-Bains im Elsass stand. Ihre Tränen an jenem Tag seien auch die Tränen ihres Vaters und ihrer Großmutter gewesen. Es habe sie tiefste Trauer überkommen – »so, als wenn mein Großvater gestern gestorben wäre«.[3]

Sven Rohde, 1961, gibt Coachings, Workshops und Vorträge zu Biografiearbeit und transgenerationalen Übertragungen. Zuvor war er 35 Jahre als Journalist tätig. Mit seinem Buch »Gefühlserben. Die geheime Macht und Kraft unserer Herkunft« (2024) stellt er einen Ansatz vor, der ein neues Verständnis der Wechselbeziehung von historischen Ereignissen, individuellem Erleben und transgenerationaler Übertragung herstellt. Sven Rohde veröffentlicht zudem den Podcast »Gefühlserben«.

Kontakt: sro@svenrohde.com

Literatur

Abel, S. (2021). Stay away from Gretchen. Eine unmögliche Liebe. Roman. München.

Abel, S. (2022). Was ich nie gesagt habe. Gretchens Schicksalsfamilie. Roman. München.

Alberti, B. (2010). Seelische Trümmer. Geboren in den 50er- und 60er-Jahren: die Nachkriegsgeneration im Schatten des Kriegstraumas. München.

Baer, U.; Frick-Baer, G. (2012). Wie Traumata in die nächste Generation wirken. Untersuchungen, Erfahrungen, therapeutische Hilfen. Neukirchen-Vluyn.

Anmerkungen

1 https://svenrohde.com/wolf-ritscher_wir-koennen-es-unseren-kindern-leichter-machen.

2 https://svenrohde.com/bettina-alberti-die-seele-ist-nicht-unendlich-belastbar.

3 https://www.volksbund.de/stories/es-gruesst-und-kuesst-dich-vielmals-dein-vater.

Fürsorge und Macht in palliativer Praxis

Manfred Baumann

Hinführung

In der Begleitung von Menschen in schwerer Krankheit, im Sterben und in Trauer spielen Machtunterschiede und Machtdynamiken im Rahmen eines fürsorglichen Handelns eine wichtige Rolle. Macht beschreibt die Möglichkeit, in sozialen Kontexten eine Wirkung hervorzubringen, und Machtdynamik die Möglichkeit der Veränderung von Machtbeziehungen zwischen Menschen – dass sich also Einfluss- und Kontrollmöglichkeiten in einer Sorgebeziehung immer wieder verändern können. Machtunterschiede und -dynamiken sind komplex und werden von vielen Faktoren beeinflusst:

- individuelle Faktoren wie persönliche Eigenschaften, unterschiedliche Biografien und soziale Umfelder, Gesundheitszustand, Wissen und Expertise,
- institutionelle Faktoren wie Strukturen, Regeln, Normen und Kulturen einer Einrichtung/eines Dienstes,
- gesellschaftliche Faktoren wie gesellschaftliche Vorstellungen, etwa über Selbstbestimmung oder Trauer (Normen der Optimierung des Lebens, des guten Sterbens, des selbstbestimmten Sterbens, der normalen Trauer etc.).

Die Bewertung von Machtdynamiken hängt davon ab, ob sie Leid verursachen oder ob Machtunterschiede zum Wohl anderer gewendet werden können: ob und wie ihre Würde geachtet und geschützt wird und ob sie selbst ihre Würde geachtet und geschützt sehen. Das Bewusstmachen und die Reflexion von Machtdynamiken können hilfreich sein, um Beziehungsdynamiken besser zu verstehen und bewusster zu gestalten, Missbrauch zu erkennen und zu verhindern und konstruktive Interaktion zu fördern – mit dem Ziel, dass Fürsorge und Macht so verbunden sind, dass gegenseitige Wertschätzung, bestmögliche Transparenz und Partizipation möglich sind. So hilft ein offener Blick auf Machtdifferenzen, das eigene Denken, Fühlen und Handeln im Rahmen der genannten Einflussfaktoren wahrzunehmen, zu verstehen und zu hinterfragen. Das eröffnet Handlungsspielräume. Im Folgenden versuche ich an Beispielen aus der Praxis zu veranschaulichen, wie Macht in fürsorglichem Handeln eingebettet und wirksam sein kann.

Palliatives Handeln in der Haltung einer Fürsorgedominanz

Am Lebensende kann eine beabsichtigte Dominanz der Sorgenden im Rahmen ihres fürsorglichen Handelns Sterbenden und ihren Angehörigen in Situationen großer Unsicherheit und Not Sicherheit geben und zum Handeln in schwierigen Situationen befähigen. So wurde in einem SAPV-Team über die Frage der »Führung im palliativen Haushalt« diskutiert: dass dort nur eine:r führen könne, da sonst Verwirrung und Verunsicherung entstehe. Dass es darum gehe, das Betreuungssystem »in die Spur zu bekommen« und »in der Spur zu halten«, damit es sich ein Sterben zu Hause zutraue (Baumann, 2013, S. 9). Fürsorgliches Handeln kann Menschen in schwerer Krankheit, in Trauer und im Sterben so einen Rahmen für ihr Handeln geben, in dem sie sich als selbstwirksam und bedeutsam erfahren dürfen.

Leidfaden, Heft 3 / 2025, S. 77–79, ISSN (Printausgabe): 2192-1202, ISSN (online): 2196-8217,

Fürsorgedominanz in kommunikativer Klarheit

Die Notwendigkeit kommunikativer Klarheit kann Ausdruck von Fürsorgedominanz sein, wenn es darum geht, Schaden von Sterbenden abzuwenden, indem Sterbenden und Angehörigen gegenüber ausgesprochen wird, was therapeutisch hilfreich ist und was nicht – wie beispielsweise das Unterlassen belastender Flüssigkeits- und Nahrungsgaben am Lebensende. Mit Sterbenden über ihr Sterben zu sprechen, erfordert Achtsamkeit, damit ihnen nicht unterstellt wird, um ihr Sterben nicht zu wissen und ihnen das Sprechen darüber aufzudrängen, obwohl sie über die für sie bedrohliche Zukunft womöglich einfach nicht sprechen möchten. Angehörige kann es verunsichern und überfordern, wenn sie auf Intensivstation zur Entscheidung über das Schicksal geliebter Menschen gedrängt werden, statt sie in ein gemeinsames Gespräch darüber einzuladen, was im Sinne der Sterbenden getan und unterlassen werden soll, *um deren Willen umzusetzen.*

Die Dominanz der Idee der Augenhöhe in Fürsorgebeziehungen

Die Idee von Sorgenden, dass es möglich sein könnte, auf Augenhöhe zu kommunizieren, verkennt, dass angesichts eines körperlichen, emotionalen, sozialen und existenziellen Leids Machtunterschiede wirksam sind und wir daher nicht auf Augenhöhe sein können. Es bleibt freilich Ausdruck einer achtsamen Fürsorge, wenn wir im Gespräch einen Stuhl neben das Bett der Sterbenden stellen und uns damit räumlich und symbolisch auf Augenhöhe begeben – mit Zeit und Offenheit für Fragen und Schweigen. Doch zu meinen, so auf Augenhöhe sprechen zu können, dass wir einander wirklich verstehen, kann nicht gelingen, da wir nicht in der Situation des oder der anderen sind. Als Sorgende sind wir nicht auf derselben emotionalen, sozialen und existenziellen Augenhöhe. Zu akzeptieren, dass wir uns angesichts leidvoller Situationen mitunter hilflos fühlen, dass wir und die auf Sorge angewiesenen Menschen sich in ihrer Wissens- und Handlungsmacht unterscheiden und es keine Möglichkeit zur Identifikation mit fremder Verletzlichkeit geben kann, bedeutet, uns auf *Augenhöhe des Bewusstseins für die eigene Verletzlichkeit zu begegnen* und damit mit einer besonderen *Offenheit und Wertschätzung* füreinander.

So ist für Corine Pelluchon Wertschätzung der Kompass sorgenden Handelns: »Die Konfrontation mit der Verwundbarkeit des anderen und das Annehmen unserer eigenen sind die Voraussetzung für die Wertschätzung und das, was aus unserem Gefühl, vom Schicksal eines anderen betroffen zu sein, ein Handeln werden lässt, das ihm zu seinem eigenen Guten verhelfen will. Die Wertschätzung ist die Bedingung der Verantwortlichkeit. Doch das Verhältnis zum anderen, besonders wenn sein Leben in unserer Hand liegt, ist auch eine Gelegenheit, Macht über ihn auszuüben. Die Wertschätzung verlangt daher, dass wir uns der Versuchung, die die Herrschaft darstellt, bewusst sind« (Pelluchon, 2019, S. 135).

Scham und Würde als Gradmesser der Verbundenheit von Macht und Fürsorge

In fürsorglichem Handeln den Wert und die Werte anderer sowie zugleich den eigenen Wert und die eigenen Werte zu schätzen, wahr- und ernstzunehmen, liegt in der Verantwortung des Einzelnen, von Bezugspersonen, eines Teams, einer Institution und gesellschaftlich verantworteter Rahmenbedingungen einer Sorge, in der auf Sorge angewiesene Menschen und ihre Sorgenden zugleich Wertschätzung erfahren. Macht kann hier positiv oder negativ wirksam werden – wenn die Würde geschützt wird und man sich geschützt fühlt oder wenn man beschämt wird, also das Bedürfnis nach Anerkennung, Schutz, Zugehörigkeit und Integrität (als Schutz der eigenen Werte) verletzt wird. Letzteres wäre Ausdruck einer Entfremdung von unse-

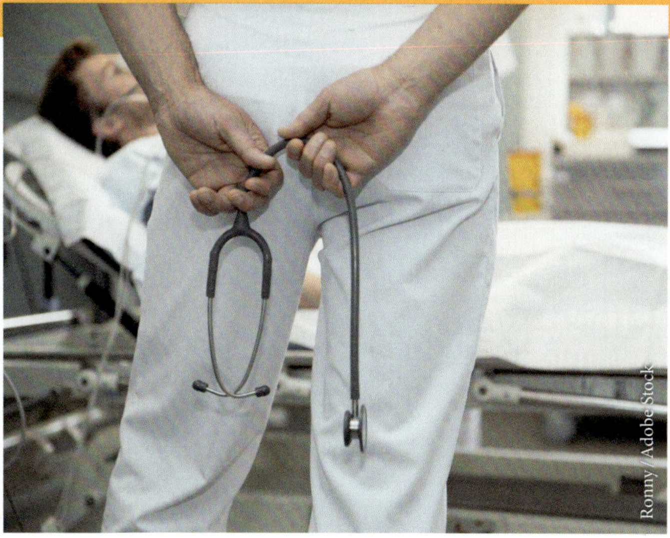

Ronny / Adobe Stock

Sorgende erleben sich in der Sorge für schwerkranke, sterbende und trauernde Menschen mitunter hilflos angesichts ihrer Not und der Rahmenbedingungen ihrer Sorge. Sie berichten über aberkannte Trauer und emotionale Belastung.

rer grundsätzlichen Verbundenheit und Verantwortlichkeit.

Macht, Ohnmacht, Fürsorge – für Sorgende sorgen

Sorgende erleben sich in der Sorge für schwerkranke, sterbende und trauernde Menschen mitunter hilflos angesichts ihrer Not und der Rahmenbedingungen ihrer Sorge. Sorgende der Intensivbereiche berichten beispielsweise, dass sie täglich mit der Begrenztheit des Lebens und Ängsten der Patient:innen und ihren Familien zu tun haben und dass die dominante Ausrichtung auf Lebensverlängerung und Lebenserhalt in Situationen des Sterbens bei ihnen mitunter Gefühle von Überforderung und des Allein-gelassen-Seins auslösen kann. Sie berichten über aberkannte Trauer und emotionale Belastungen. Sie fühlen sich aufgerieben angesichts der Herausforderung, in einer kurativ orientierten Kultur Sterbebegleitung leisten zu sollen und zu wollen, und der Erfahrung, hierfür häufig weder fachlich gerüstet zu sein noch institutionell unterstützt zu werden. Folge kann sein, dass sie erkalten oder ausbrennen. Sie wünschen sich Strategien zur Entlastung (Baumann, 2025).

Fazit

Machtunterschiede in Sorgesituationen wahrzunehmen und zu analysieren, kann achtsam dafür machen, welche Auswirkung das Verbundensein von Macht, Fürsorge, Bezogensein, Verantwortlichkeit und Verletzlichkeit in Sorgebeziehungen auf Sorgende und auf Sorge Angewiesene hat. Indem Sorgende in Fürsorge ihre Patient:innen stärken, sie befähigen und ihre physische, emotionale, soziale und existenziell-spirituelle Situation wahr- und ernstnehmen, wird eine Beziehung gefördert, die Machtunterschiede wahr- und ernstnimmt und bewusst mit ihnen umgeht. In Achtsamkeit für Fürsorgebedarfe auch der Sorgenden sucht eine care-ethische Perspektive nach der Balance zwischen Sorge und Selbstsorge, damit die Sorgenden ihre Sorge auch dauerhaft leisten können. Dazu gehört der Blick auf den gesundheitspolitischen Willen zur Sicherung von Rahmenbedingungen, die eine Sorge für Menschen in schwerer Krankheit, im Sterben und in Trauer ermöglichen, ohne dass Sorgende am eigenen Wohl Schaden nehmen.

J.Schenten_raumzeit3

Dr. **Manfred Baumann** ist evangelischer Theologe, Pflegewissenschaftler, Ethikberater im Gesundheitswesen, Gesundheits- und Krankenpfleger, Palliative-Care-Fachkraft und Hospizleiter. Er arbeitet freiberuflich in der Erwachsenenbildung mit Schwerpunkt Ethik im Gesundheitswesen und Palliative Care.

Kontakt: baumannsmanne@arcor.de

Literatur

Baumann, M. (2013). Palliative Haltung. Masterarbeit. Vallendar.

Baumann, M. (2025). Sterben und Tod in der Palliativ- und Intensivpflege. Woran Fachkräfte ihr Handeln orientieren. Frankfurt a. M.

Pelluchon, C. (2019). Ethik der Wertschätzung. Tugenden für eine ungewisse Welt. Darmstadt.

Pflege – eine (Semi-)Profession im Macht-Ohnmacht-Dilemma

Steven Kranz und Manuela Schallenburger

Pflegefachpersonen müssten zuversichtlich in die Zukunft schauen. Ihr Beruf ist ein krisenfester und systemrelevanter, ein für die Gesellschaft bedeutsamer. Die heutige Macht des Berufsstandes zeigt sich eindrücklich, wenn Versorgungseinrichtungen aufgrund fehlender Pflegefachpersonen (ökonomische) Einschränkungen erfahren. Deutlich wird die machtvolle Position auch beim Blick auf den Arbeitsmarkt. Hier tobt ein Anbieter:innenkampf mit verlockenden Prämien und Zusatzleistungen. Als größte Berufsgruppe der Gesundheitsversorgung und mit hoher gesellschaftlicher Bedeutsamkeit müsste es ein Leichtes sein, selbstbestimmt das eigene Berufsfeld gestalten zu können. Auch müsste es wenig schwerfallen, kollektives Gehör sowie Mitsprache bei allen gesundheitspolitischen Entscheidungen zu erfahren.

Die Realität sieht anders aus. Nach der Einschätzung gefragt, sehen Pflegefachpersonen beruflich weder Gegenwart noch Zukunft besonders rosig. Der krisenfeste Beruf steckt in einer Krise und statt Macht wird vor allem die Ohnmacht der Berufsgruppe gesellschaftlich, aber auch von ihr selbst thematisiert und letztlich weiter zementiert. Die Berufsgruppe leidet still an ihren Arbeitsbedingungen und das öffentliche Image ist höchst ambivalent. Krisen kennt der Pflegeberuf, und die Ohnmacht der Berufsgruppe, die sich in *Stille* oder in oft beschriebenem *Jammern* äußert, ist traditionell verankert. Oelke (2005, S. 651) spricht gar von einem kulturellen Muster. »Aphasie in der Pflege heißt, den Wert der eigenen Arbeit nicht herauszustellen, oder noch mehr – ihn noch nicht einmal zu erkennen; es heißt, sich nicht kollektiv gegen schlechte, teilweise inhumane Arbeitsbedingungen zu artikulieren oder sich gemeinsam Verbesserungen zu überlegen und für diese geschlossen und klar in der Argumentation einzutreten« (Oelke, 2005, S. 651). Aber warum fühlt sich eine so machtvolle Berufsgruppe so machtlos?

Leidfaden, Heft 3 / 2025, S. 80–83, ISSN (Printausgabe): 2192-1202, ISSN (online): 2196-8217, © 2025 Vandenhoeck & Ruprecht

Die kollektive Ohnmacht in den Wurzeln

Die Entwicklung der modernen Krankenpflege in Deutschland hat Ende des 19. Jahrhunderts als unentgeltlicher Liebesdienst, aufgeladen mit christlichen Werten wie Nächstenliebe und Opferbereitschaft, im Dienst der Kirche begonnen. Das damalige Credo *Mein Lohn ist, dass ich etwas Gutes tun darf* prägte die Berufsgruppe und wirkt bis heute. Nicht anders ist zu erklären, dass Forderungen nach fairer Entlohnung und Arbeitsbedingungen von Pflegefachpersonen so wenig nachdrücklich formuliert werden. »Es geht um die Patient:innen« – ein Satz, der häufig geäußert wird und als Argument gegen die eigenen Bedürfnisse dient, der zeigt, wie handlungsunfähig sie sich in ihrer Krise sehen.

Die Krankenpflege, konzipiert als Hilfsberuf der Medizin, war lange Zeit fremdbestimmt. Bis weit ins 20. Jahrhundert war es das Privileg der Ärzt:innen, das Wesen der Pflege zu bestimmen, indem sie Ausbildungsinhalte, Tätigkeitsfeld und Außenwirkung festlegten. Im Anforderungsprofil der frühen Krankenpflege standen vor allem haushaltsnahe, sogenannte *weibliche* Tätigkeiten sowie Charaktereigenschaften der *Schwestern.* Die fachliche Qualifizierung wurde erst mit zunehmender Professionalisierung bedeutsam.

Benjavisa Ruangvaree Art / Shutterstock

Das Wesen der Pflege ist es, für andere Menschen, aber auch für sich selbst Sorge zu tragen. Dazu gehört eben auch ein reflektierter und verantwortungsvoller Umgang mit der eigenen Macht.

MARE LUCTUS

Der Wechsel
der Gezeiten
- mal Ebbe,
mal Flut -,
der Seegang
- mal leicht bewegt,
mal hohe See -,
erst Wellental,
dann Wellenberg
in wechselnder
Frequenz
doch
niemals ruhig:

Die Trauer
ist
ein Meer.

Heute sind Pflegefachpersonen kompetenz- und wissenschaftsbasiert ausgebildet, um ihren gesellschaftlichen Auftrag erfüllen zu können. Trotzdem fällt es den Protagonist:innen der Berufsgruppe nach wie vor schwer, sich zu emanzipieren und selbstbestimmt den spezifischen Pflegebeitrag der Gesundheitsversorgung zu benennen. Vielleicht ist das auch ein Grund dafür, dass die Sehnsucht nach Selbstbestimmung und Mitsprache bei gesundheitspolitischen Entscheidungen weitestgehend unerfüllt bleibt.

Die Professionalisierungsbestrebungen der Berufsgruppe sind seit jeher von Hürden und Selbstsabotage gekennzeichnet. Ein eindrückliches Beispiel ist die Einführung von Bezahlung und Beschränkung der wöchentlichen Arbeitszeit auf 60 Stunden Anfang des 20. Jahrhunderts, die nur unter massivem Widerstand der Berufsgruppe möglich war. Mit Blick auf aktuelle Entwicklungen, beispielsweise im Kontext Pflegekammer(n), könnte man meinen, dass Selbstsabotage immer noch eine Handlungsstrategie ist.

Professionalisierung als Weg zur kollektiven Macht

Die einzige Möglichkeit, sich aus der Historie heraus zu emanzipieren, ist die konsequente kollektive Professionalisierung. Zwar wird die Berufsgruppe häufig als Profession bezeichnet, letztlich fristet sie aber derzeit ein Dasein als Semiprofession.

Pflegefachpersonen leisten einen grundlegenden Beitrag zur Erhaltung des Wertesystems unserer Gesellschaft und erfüllen so ein wesentliches Professionsmerkmal. Die eigenständige Organisation des Berufs – ein weiteres Merkmal – ist aber bei weitem nicht erfüllt (Schaeffer, 2011). Sicherlich gibt es Möglichkeiten, sich in Berufsverbänden zu organisieren und in wenigen Bundesländern auch in Pflegekammern. Dies ist allerdings nicht flächendeckend der Fall und beruht meist auf freiwilliger Basis. Letztlich wird dies aber kaum von Pflegefachpersonen genutzt. Pflegekammern haben das Ziel, professionelle Pflege und deren beruflichen Belange unter Beachtung der Interessen der Bevölkerung zu fördern. Sie können einen essenziellen Beitrag zur Professionalisierung der Berufsgruppe leisten und vor allem dafür sorgen, dass bei gesundheitspolitischen Entscheidungen, insbesondere in Bezug auf Pflege, der Berufsstand einbezogen wird. Pflegekammern bedeuten Gehör, Mitsprache und Mitbestimmung, was jedoch nicht von allen Mitgliedern des Berufsstands gesehen wird. Dies kann auch darauf zurückzuführen sein, dass Pflegefachpersonen aus der historischen Sozialisation heraus eher unpolitisch sind und ihnen eine Verkammerung fremd ist. Der fehlenden Berufsorganisation muss zugeschrieben werden, dass die ersehnte Interessenvertretung und Selbstbestimmung der Pflege derzeit weitestgehend unerfüllt bleibt (Kuhn, 2024).

Ein weiteres Professionsmerkmal ist die Akademisierung eines Berufs (Schaeffer, 2011). In Deutschland hat der Wissenschaftsrat schon 2012 eine Akademisierungsquote des Pflegeberufs von 10 bis 20 Prozent empfohlen (Wissenschaftsrat, 2012). Je nach Literatur zeigt sich aktuell eine Quote von 1 bis 3 Prozent. Die zaghafte Akademisierung der Pflege in Deutschland ist derzeit überwiegend auf Pflegepädagogik, -management und -wissenschaft ausgerichtet (Schaeffer, 2011). Für die Professionalisierung sind diese Handlungsfelder wichtig, dennoch sollte es auch um das Handlungsfeld Pflegepraxis gehen. Die erfolgreiche Akademisierung des Berufs hängt maßgeblich von der Akzeptanz in der Berufsgruppe ab, leider führt sie hier zu ideologischen Brüchen.

Das häufig bemühte Vorurteil, dass die Akademisierung das Ziel einer Elitenbildung hat und schulisch ausgebildete Pflegefachpersonen ersetzt werden sollen, begründet sich teilweise in der Sorge um die eigene berufliche Anerkennung (Kuhn, 2024; Bossle, 2025). Wesentlich scheint daher zu betonen, dass ein Skill- und Grademix die Vielfalt von Qualifikationen nutzt und eine Möglichkeit sein kann, den vielfältigen Herausforderungen der Pflegepraxis, wie zum Beispiel dem Fachkräftemangel, zu begegnen.

Ein Blick ins Ausland zeigt, dass die Professionalisierung der Berufsgruppe möglich ist. In den USA wird professionelle Pflege seit den 1960er Jahren als eigene Profession angesehen. Professionalisierung und Akademisierung sind zeitgleich fortgeschritten (Kuhn, 2024). Die Akademisierungsquote der Pflegefachpersonen beträgt heute etwa 80 Prozent. Auch im europäischen Ausland schreitet die Akademisierung der Pflegefachpersonen voran. Die Quote liegt in den Niederlanden bei 45 Prozent, in Großbritannien und Schweden sogar bei 100 Prozent.

Die akademische Ausbildung führt zu einem höheren Wissenserwerb, zu eigenen Verantwortungs- und Kompetenzbereichen, aber auch zu einem höheren Stellenwert und positiven Image in der Gesellschaft – letztlich zu einer Stimme der Berufsgruppe! Kollektive und individuelle Professionalisierung wirken wechselseitig und führen zur kollektiven Mitsprache und Selbstbestimmung, aber auch zur individuellen Handlungsfähigkeit.

Selbstverantwortung als Zeichen der Macht

Die Sehnsucht nach Veränderung, Mitsprache und Selbstbestimmung der Berufsgruppe ist groß. Gleichsam scheint das Erbe der langen Tradition schwer zu wiegen und Ohnmacht kollektiv verwurzelt zu sein. Es fällt ihr sichtlich schwer, sich zu emanzipieren. Nur so lässt sich erklären, dass die Berufsgruppe nicht selbst für eigene Belange eintritt.

Stille oder *Jammern* heißt vielleicht auch, nicht für sich selbst Verantwortung tragen zu wollen oder das Gefühl zu haben, dies nicht zu können. Vielleicht bedeutet es auch, nicht gelernt zu haben, für sich selbst zu sorgen. Vielleicht wird auch die Selbstsabotage als Macht fehlinterpretiert. Klar ist aber, die Berufsgruppe kann sich nur selbst aus der Krise führen. Warum sollte jemand die Interessen anderer vertreten, ohne die eigenen in den Vordergrund zu stellen? Das hat die Berufsgruppe, lange Zeit als Hilfskräfte der Mediziner:innen missverstanden, doch ohnehin bereits mehrfach schmerzlich erfahren. Gerade jetzt in der Krise ist es so wichtig, die Errungenschaften der Professionalisierung zu verteidigen, den Weg konsequent weiterzugehen und sich selbst zu ermächtigen. Das Wesen der Pflege ist es, für andere Menschen, aber auch für sich selbst Sorge zu tragen. Dazu gehört eben auch ein reflektierter und verantwortungsvoller Umgang mit der eigenen Macht.

© Maha Vollmer

Steven Kranz, MSc, Gesundheits- und Krankenpfleger mit Zusatzbezeichnung Intensivpflege und Palliative-Care-Weiterbildung, ist Stellvertretender Geschäftsführer der Deutschen Gesellschaft für Palliativmedizin (DGP), Lehrbeauftragter in den Pflege- und Gesundheitsstudiengängen der Alice-Salomon-Hochschule Berlin sowie der Evangelischen Hochschule Berlin.

Dr. **Manuela Schallenburger**, Gesundheits- und (Kinder-)Krankenpflegerin, Pflegewissenschaftlerin, ist aktuell wissenschaftliche Mitarbeiterin in der Lehrkoordination des Interdisziplinären Zentrums für Palliativmedizin des Universitätsklinikums Düsseldorf.

Kontakt: manuela.schallenburger@hs-flensburg.de

Literatur

Bossle, M. (2025). Störfall Pflegekammer. In: Gesundheits- und Sozialpolitik (G&S), 78, 3, S. 21–29.

Kuhn, A. (2024). Das ethische Mandat von Pflegekammern. Entwicklung einer Programmtheorie aus Perspektive der Gesundheitsförderung. Wiesbaden.

Oelke, U. (2005). Die Menschen stärken und die Sachen klären. In: Pflegewissenschaft, 12, S. 649–654.

Schaeffer, D. (2011). Professionalisierung der Pflege – Verheißungen und Realität. In: Gesundheits- und Sozialpolitik (G&S), 65, 5/6, S. 30–37.

Wissenschaftsrat (2012). Empfehlungen zu hochschulischen Qualifikation für das Gesundheitswesen. Berlin.

Erfahrungen von Machtlosigkeit, Macht und Ermächtigung im Kontext einer chronischen Erkrankung

Julia Kilpatrick

Ich arbeite als Pflegefachperson auf einer Intensivpflegestation – seit über zwanzig Jahren. Darüber hinaus erlebe ich Gesundheitsversorgung von einer anderen Seite – als chronisch kranke Frau. Durch diese zwei Aspekte meines Lebens – Fachlichkeit und Betroffenheit – ergeben sich herausfordernde, manchmal hilfreiche Perspektivenwechsel. Ich habe Erfahrung mit Abläufen im Gesundheitswesen, und ich weiß, wie ich mich in verschiedenen Situationen als Patientin fühle.

Als ich gefragt wurde, über Macht und Ohnmacht aus meiner Perspektive zu schreiben, war eine Erkenntnis, dass es viel einfacher ist, mich an Gefühle von Machtlosigkeit zu erinnern, als Situationen abzurufen, in denen ich mich mächtig gefühlt habe. Ich musste den Begriff »Macht« für mich erst konkretisieren. Mächtig beziehungsweise ermächtigt heißt für mich in diesem Zusammenhang: wahrgenommen und ernst genommen zu werden; Handlungsfähigkeit zu empfinden und diese auch zugestanden zu bekommen; Unterstützung zu erhalten, die ich nicht als Bevormundung erlebe. Besonders machtlos habe ich mich dann gefühlt, wenn ich nicht als Partnerin auf Augenhöhe oder als Expertin für mein Leben wahrgenommen wurde – sei es im Kontext von Aufklärung, Therapieentscheidungen oder auch mit meinen Gefühlen, Sorgen und Ängsten. Vielen Situationen waren allerdings uneindeutig, bewegten sich zwischen den Polen Macht und Machtlosigkeit.

Josep Suria / Shutterstock

Der Anfang eines biografischen Bruchs

Im Sommer 2014 begann meine »Krankengeschichte«, die mir viele neue Erfahrungen bescherte – positive und herausfordernde. Nach einem Reha-Aufenthalt für meine Wirbelsäule, in einer Zeit, als ich begann mehr Bewegung zu machen, im Jahr, nachdem ich Nichtraucherin wurde, zeigten sich für mich völlig unerwartet Beschwerden wie Abgeschlagenheit, Kurzatmigkeit, Belastungsintoleranz, ein Engegefühl in der Brust. Mein Allgemeinmediziner verwies mich an eine internistische Ambulanz. Danach hatte ich Termine bei einer Kardiologin, bei einem Pulmologen und an einem besonders belasten-

Leidfaden, Heft 3 / 2025, S. 84–87, ISSN (Printausgabe): 2192-1202, ISSN (online): 2196-8217, © 2025 Vandenhoeck & Ruprecht

den Tag ging ich in die Notaufnahme eines nahen Krankenhauses. Ich war verunsichert und besorgt, so schlecht hatte ich mich noch nie gefühlt. Die ersten Untersuchungen ergaben nichts, keine Blutbildveränderungen, keine Auslenkungen bei den Leber-, Nieren- und Schilddrüsenwerten, kein auffälliges EKG. Bei der Entlassung von der Notaufnahme wurde mir schließlich die Frage gestellt: »Vielleicht sind Sie depressiv?« Ich hatte das Gefühl, die Symptome, die ich geschildert hatte, wurden nicht ernst genommen, weil die erhobenen Befunde nichts Greifbares ergeben hatten. Vielleicht war es aber auch ein Versuch der Ärztin, ihre eigene Ohnmacht zu verbergen, weil sie mir keine Erklärung geben konnte.

Wenn ich darüber nachdenke, wird mir ein Widerspruch bewusst, der vermutlich nicht nur für mich besteht. Einerseits bin ich überzeugt davon, dass somatische und psychische Erscheinungen wechselwirken, dass kein psychisches Problem weniger »zählt« als eines, dass sich körperlich manifestiert. Gleichzeitig habe ich den Eindruck, dass, wenn etwas das Etikett »psychisch« erhält, es eben »nur« das ist. So bekommt es eine andere Wertigkeit zugeschrieben.

Die Macht der Diagnose

Da ich in einem medizinischen Umfeld arbeite, hatte ich auch Hilfe, was die Suche nach einer Ursache, einer Diagnose betrifft. Wahrscheinlich hätte es ohne diese Hilfe wesentlich länger gedauert und der Weg wäre steiniger gewesen. Eine der Ärzt:innen auf meiner Station war mir in dieser Zeit eine engagierte Unterstützerin, die nicht nur alle meine Schilderungen ernst nahm, sondern ihre Expertise mit der anderer Ärzt:innen verknüpfte und hartnäckig Fragen stellte. Mächtiger hat mich damals mein beruflicher Kontext gemacht – ich war einerseits selbst Fachfrau und andererseits hatte ich unterstützende und vertrauensvolle Kontakte. Bei vielen Menschen entscheidet der Zufall, welche Hilfe und Unterstützung Betroffene erfahren.

Es stärkt, wenn man eine:n Advokat:in hat. Oft denke ich, dass Menschen mit langwierigen, chronischen Erkrankungen gut mit einem:r Coach:in zu unterstützen wären, der hilft den Überblick zu bewahren über das, was ist, aber auch darüber, was es noch braucht, und der die Geschichte, aber auch den betroffenen Menschen gut kennt.

Im Herbst hatte ich dann eine Diagnose: Sjögren-Syndrom (eine Autoimmunerkrankung aus dem Formenkreis der entzündlich-rheumatischen Erkrankungen). Die Belastungsintoleranz hatte wieder abgenommen, trockene Augen hatte ich schon lange, daran war ich gewöhnt. Okay, dachte ich, damit kann ich umgehen, diese Umstände kann ich in mein Leben integrieren. Wenn ich über das erhöhte Lymphomrisiko nachdachte, dann waren in mir auch Sorge und Angst. Diese waren aber nicht permanente Begleiter. Die Diagnose hatte mich aus der Machtlosigkeit der Beschwerden »ohne Ursache« befreit und mir einen konkreten Ansprechpartner auf der Rheumatologie gebracht, mit dessen Unterstützung ich Handlungsstrategien entwickeln konnte.

Die Dimension Zeit

Im Verlauf von Wochen tauchten neue Herausforderungen auf: Mehrere Gelenke schwollen an, ich hatte Schmerzen, etliche Alltagsverrichtungen zu Hause und in der Arbeit wurden schwieriger bis unmöglich. Also brauchte ich wieder Unterstützung: im Alltag von meiner Familie, meinen Freund:innen, bei der Arbeit von Kolleg:innen und medizinisch von meinem Rheumatologen. Als er mir eine immunsuppressive Therapie vorschlug, begann ich zu weinen. In diesem Moment fühlte ich mich ohnmächtig, weil ich das Gefühl hatte, keine guten Alternativen zu haben. Ich wollte mein Leben nicht mit diesen Einschränkungen führen, gleichzeitig hatte ich Angst vor den Nebenwirkungen und den Schäden, die die Therapie in meinem Körper anrichten könnte. Ich begann Cortison und Methotrexat zu schlucken. In dieser Zeit sah ich mich mit existenziellen

Fragen konfrontiert: Ich wollte in meinem Beruf bleiben und stellte mir die Frage, wie das mit meiner Erkrankung und der Therapie vereinbar sein würde. Wie würde ich in den unterschiedlichen Lebensbereichen agieren können, welche Einschränkungen würden entstehen? Nach einiger Zeit besserten sich die Beschwerden, das gab mir neue Zuversicht und das Gefühl von Machtlosigkeit ließ nach.

Wir Menschen sind einerseits sehr verletzlich und andererseits sehr robust. An vieles können wir uns gewöhnen, wir können die Prioritäten neu ordnen, die Perspektive ändern. Ich denke auch jetzt, wo ich darüber schreibe, wie wichtig für mich Zeit ist. Sie gibt mir die Möglichkeit, mich anzupassen, aber auch zu reflektieren, nochmal einen Schritt zurückzugehen und vielleicht unbeachtete Alternativen zu prüfen. Starke Gefühle – auch Angst oder Machtlosigkeit – können mit der Zeit abebben.

Neue Perspektiven und Ambiguität

Einige Zeit ging es mir körperlich ganz gut – ich machte mir Gedanken über ayurvedische Ernährung, Yoga und Laufen als gesundheitsförderliche Handlungsmöglichkeiten, aber auch über leicht angestiegene Leberwerte. Und obwohl ich mich mit meiner Gesundheit beziehungsweise Krankheit wesentlich mehr auseinandersetzen musste als vor dem Sommer 2014, hatte ich oft den Gedanken, dass ich glücklicher war als zuvor. Ich empfand mehr Freude über die schönen Dinge, die es in meinem Leben gab, und die Ideen, die ich verwirklichen konnte. So betrachtet hat mir die Auseinandersetzung mit meiner Erkrankung eine neue Perspektive auf mein Leben eröffnet. Ich denke, dass ist eine wertvolle, mächtige Fähigkeit.

Es folgten über die Jahre weitere Episoden, die Anlass zu Anpassungen der immunsuppressiven Therapie gaben. Nicht alle Ärzt:innen, denen ich begegnete, gaben mir das Gefühl, meine Schilderungen und Sorgen ernst zu nehmen. In der Beurteilung meiner Beschwerden entschied ich mich oft für die Änderung der Medikation, schon aus einem Gefühl der Not heraus, dass es mir schwerfallen würde, mit manchen Beschwerden mein Leben so zu führen, wie ich es wollte. Es ist mir aber wichtig, dass mir nicht einzelne Behandlungspfade als alternativlos präsentiert werden, denn das empfinde ich als Entmündigung. Es gibt immer zumindest zwei Alternativen, nämlich etwas zu tun oder es zu lassen. Mitunter sind es zwei schlechte Alternativen, aber es gibt sie. Ermächtigung bedeutet auch, schlechte Alternativen zu kennen und eine Entscheidung zugestanden zu bekommen.

Die Auseinandersetzung mit meinen gesundheitlichen Schwierigkeiten hat mich immer wieder gefordert und das wird weiterhin so sein. Neben den inneren und äußeren Ressourcen, die mich zuversichtlich sein lassen, die mir ein gutes Leben ermöglichen, gibt es Gefühle von Traurigkeit oder Trauer über das, was schwer ist, was nicht geht, was weh tut. Ich denke, das menschliche Leben ist immer auch mit Herausforderungen verbunden. Geglückt empfinde ich es, wo es mir gelingt, die schönen Dinge wahrzunehmen und mit den schwierigen Situationen einen für mich guten Umgang zu finden. Es muss nicht alles schön sein, aber Freude empfinde ich als wichtige Stütze, die mir Kraft und damit auch Macht gibt.

Der Begriff »chronisch krank« ist für viele Menschen mit Assoziationen wie Schmerz und Leid verbunden. Das muss nicht falsch sein, erzeugt aber häufig das Bild eines Opfers (der Umstände). Bei einer Ausbildung, die ich vor Jahren gemacht habe, habe ich den Begriff »bedingte Gesundheit« das erste Mal gehört. Er drückt für mich aus, was auch mit einer chronischen oder schweren Erkrankung möglich ist, nämlich gesunde Anteile wahrzunehmen. Das können eigene Fähigkeiten, Strategien oder Widerstandskräfte (Resilienz) sein, aber auch die Bereitschaft, Hilfe in Anspruch zu nehmen. Sich helfen zu lassen, kann ein Ausdruck von Macht sein.

Welchen Einfluss haben Begleiter:innen auf Gefühle von Macht und Machtlosigkeit?

Meine medizinischen und pflegerischen Kenntnisse erleichtern es mir, vieles zu verstehen. Der Austausch mit anderen Betroffenen hat mir ebenfalls oft geholfen, was ich erlebe, besser einzuordnen. Trotzdem brauche ich Informationen der Fachleute aus ihrem Fachgebiet. Gleichsam will ich als Expertin für mein Leben gesehen werden: mit dem Wissen, das ich mitbringe, über meinen Körper, über das, was mir wichtig ist, über die Ziele, die ich habe. Die viel thematisierte Asymmetrie zwischen Fachpersonen und Patient:innen ist dort besonders stark, wo der fachliche Wissensvorteil als Überlegenheit empfunden wird. Erst wenn die Beteiligten sich als Partner:innen sehen, kann auf Augenhöhe kommuniziert werden. Schließlich geht es nicht darum, dass einer:eine Macht hat und der:die Andere nicht. Es geht um ein Austauschen von Informationen, ein gemeinsames Betrachten und Abwägen, um dann Handlungsstrategien zu entwickeln.

Ganz wesentlich empfinde ich es, verständliche Informationen zu erhalten. Sie ermöglichen es mir, zu verstehen, was ist, welche Möglichkeiten es gibt, und bilden eine Grundlage für wichtige Entscheidungen. In diesem Zusammenhang möchte ich auf offene Ohren treffen, die meine Geschichte hören und ernst nehmen und sich auf gemeinsame Abwägungen einlassen.

Wie Begleiter:innen unterstützen können:

- Raum für das Erleben, die Emotionen, Werte und Ziele lassen
- Menschen in ihrer Ganzheit, mit ihren Rollen und ihren Ressourcen wahrnehmen
- Interesse, Achtsamkeit und Empathie für die Lebenswelten der Betroffenen zeigen
- Informationen und Aufklärung ergebnisoffen und wahrhaftig gestalten
- Betroffene als Partner:innen verstehen
- Coaching und Begleitung durch das komplexe System Gesundheitsversorgung ermöglichen
- Beistand bei existenziellen Fragen und Krisen bieten

Meine Lebensrealität

Beim Schreiben dieses Aufsatzes – in der Auseinandersetzung mit den Erfahrungen rund um meine Erkrankung – ist für mich deutlich geworden, welch langen Weg ich bereits gegangen bin, was ich erlebt und wie ich mich entwickelt habe. Ich bin eine Frau mit chronischer Erkrankung und so vieles mehr. Ich schätze meine Fähigkeit, mich immer wieder neu zu orientieren, Perspektiven zu überdenken und Strategien zu entwickeln, um mit Veränderungen umzugehen. Es gelingt mir, Schönes und Positives wahrzunehmen. Ich sehe das als Ausdruck einer inneren Haltung, die mit Resilienz zu tun hat. Mich stärkt mein fachliches Wissen; und auch das, was ich über mich selbst und meinen Körper weiß. Eine wertvolle Eigenschaft ist Hartnäckigkeit, wenn Unklarheiten zurückbleiben oder Bedürfnisse übergangen werden. Dort, wo ich auch mit meinen Gefühlen gesehen und angenommen werde, empfinde ich mich ermächtigt. Das gibt mir auch die Macht, die Begleiter:innen in ihrem (Wohl-)Tun zu bestärken, ihnen zu sagen, wie wichtig das für mich ist. Unterstützung zu haben, hilft mir in herausfordernden Zeiten, um mit Gefühlen umzugehen oder mit körperlichen Einschränkungen zurechtzukommen. Nach Hilfe zu fragen und gewollte Hilfe zu erhalten kann den eigenen Handlungsspielraum entscheidend erweitern.

Julia Kilpatrick, PM.ME., ist diplomierte Gesundheits- und Krankenpflegerin mit Zusatzausbildung Intensivpflege. Sie lebt und arbeitet in Wien.

Kontakt: julia.kilpatrick@gmx.at

Allmacht – Macht – Ohnmacht

Gott und Mensch im Spannungsgefüge

Johannes-C. Albrecht

Allmacht

»Ich glaube an Gott den Vater, den Allmächtigen, den Schöpfer des Himmels und der Erde …« – so sprechen Millionen von Christen und Christinnen bis heute immer wieder das Apostolische Glaubensbekenntnis (Entstehung 2./3. bis 8. Jahrhundert). Allmacht scheint ein selbstverständliches Gottesattribut zu sein. Doch die Rede von einem allmächtigen Gott gerät in Konflikt mit menschlicher Leiderfahrung. Woher kommt das Böse, woher kommt das Leid, wenn Gott allmächtig ist? Wie kann ein allmächtiger Gott es zulassen, dass unsagbares Grauen geschieht, menschenverschuldet oder auch schicksalhaft? Und gleichzeitig stellt sich die Frage nach der Gerechtigkeit. Der philosophische und theologische Diskurs nennt das *Theodizee* (vgl. den gleichnamigen Wikipedia-Eintrag).

Schon das Judentum der vorchristlichen Zeit war von dieser Frage bewegt. Ein ganzes Buch widmet sich dem Problem: Das Buch Hiob – es ist angelegt wie eine Theaterinszenierung, wie ein Lehrstück. Es sammelt in den Reden der Freunde Hiobs und in Hiobs eigener Reflexion die verschiedenen Lösungsversuche. Sie gehen alle nicht auf. Die Lösung der Frage bleibt offen.

Auch die antike Philosophie ringt mit dieser Fragestellung, zum Beispiel Epikur (341–271/270 v. Chr.), ohne eine Lösung.

Der Spannungsbogen zwischen Allmacht und Ohnmacht – eine knifflige, eine hochkomplexe Frage, die also seit Jahrtausenden Menschen beschäftigt. Fragen wir einmal ChatGPT. Das Ergebnis ist unter den verschiedensten Fragestellungen ernüchternd. Heraus kommen sehr allgemein gehaltene Aussagen bis hin zu einem fragwürdigen Geschwafel. Das Ergebnis ist jedoch auch höchst beruhigend: KI ist ganz gewiss (noch) nicht allmächtig!

Woher aber kommt nun die Vorstellung von Gott, dem Allmächtigen? Ich stoße auf Erstaunliches: Die heiligen Schriften des Judentums kennen den allmächtigen Gott nicht! Wie aber kommt es dann zur fast selbstverständlichen Rede davon in unserer Tradition? Ein früher Gottesname – el schaddaj –, der auch im Judentum nicht mehr sicher in der Bedeutungsgebung war, wird in der griechischen Übersetzung der hebräisch-aramäischen heiligen Schriften (Septuaginta, ca. 250 v. Chr. bis 100 n. Chr.) mit »Pantokrator« übersetzt, was eben nicht Allmächtiger, eher Allherrscher oder Weltenherrscher bedeutet. Erst in der Übersetzung dieser griechischen Schriften in das Lateinische (Biblia Vulgata) wird der Begriff des Pantokrators in »omnipotens« (allmächtig) umgedeutet (Eizinger, 2018; Martin, 2021).

Die Autoren der heiligen Schriften des Judentums beschrieben Gott zwar als von großer Macht, es war ihnen aber offensichtlich nicht wichtig, ihn als allmächtig darzustellen. Damit korrespondiert die Warnung an den Menschen, nicht nach übergroßer Macht zu streben. In den Urgeschichten findet sich das in der mythischen Erzählung vom Turmbau zu Babel. Es mündet in Verwirrung und Zerstörung. Der Turmbau als Machtsymbol. Vor diesem Hintergrund stellt sich die Frage, warum viele Kirchen Türme haben – fragwürdiges Machtgebaren auch im säkularen Bereich. Der bis heute andauernde Wettlauf um das höchste Gebäude der Welt. Es macht weder ökologisch noch ökonomisch Sinn. Die Menschen aber hören nicht auf, den Turm von Babel nachzubauen

Leidfaden, Heft 3 / 2025, S. 88–91, ISSN (Printausgabe): 2192-1202, ISSN (online): 2196-8217, © 2025 Vandenhoeck & Ruprecht

Christ Pantocrator, 17. Jh. / Heritage Images / Fine Art Images / akg-images

Christus Pantokrator

als Symbol ihrer vermeintlichen Macht. Politisch führt der Allmachtswahn von Autokraten in tiefe Krisen, zerstört gesellschaftlichen Zusammenhalt, stürzt die Wirtschaft in Verwerfungen, wie wir aktuell an viel zu vielen Orten sehen müssen.

Grenzerfahrung

Menschliches Leben ist per se Grenzerfahrung. Das vorfindliche Leben gibt es nur als begrenztes – zeitlich, räumlich und von den je eigenen Potenzialen her. Wir scheuen Grenzerfahrungen, verstecken unsere Grenzen, weil wir befürchten, dass diese uns als Unfähigkeit oder Versagen angelastet werden könnten. Dabei tritt doch durch die Grenzen erst unser Profil zu Tage. Und ist es nicht auch die Begrenzung der Lebenszeit, die dem Leben Konturen, Gewicht und Bedeutung verleiht? Es tut dem Menschen gut, seine Grenzen in den Blick zu nehmen. So textet der Liederdichter Paul

Gerhardt (1607–1676) im Jahr 1666: »Die güldne Sonne voll Freud und Wonne bringt unsern Grenzen mit ihrem Glänzen ein herzerquickendes liebliches Licht ...« Wow! Und dieser Mensch hatte in seinem Leben heftigste Grenzerfahrungen zu bewältigen, beruflich und familiär. So waren bis 1666 bereits vier seiner fünf Kinder verstorben.

Zur menschlichen Grenzerfahrung im Alltag gehört aber auch die Wahrnehmung, dass hinter jeder Grenze etwas Neues oder Anderes beginnt. Unsere Fähigkeit, uns in größere Zusammenhänge einzuordnen, die eigene Wirklichkeit zu transzendieren (innerweltlich, aber auch in eine größere geistig-spirituelle Wirklichkeit hinein), ist die Grundlage für Hoffnung. Das Symbol der Hoffnung in der Ikonografie ist der Anker. Hoffnung bedeutet, einen Anker zu haben jenseits der erlebten Realität.

Dilemma

Die überraschende Erkenntnis der fehlenden Allmacht Gottes löst jedoch das Theodizeeproblem nicht. Nach der Erschütterung des Holocaust spürten Philosophen und Theologen der Frage nach, ob man überhaupt noch an einen Gott glauben könne. Zu unfassbar war es, wozu Menschen fähig gewesen, was Menschen anderen Menschen anzutun vermochten und angetan haben.

Elie Wiesel erzählt erschütternd von der Hinrichtung eines Kindes im KZ Auschwitz: »Hinter mir hörte ich (...) fragen: ›Wo ist Gott?‹ Und ich hörte eine Stimme in mir antworten: ›Wo er ist? Dort – dort hängt er, am Galgen‹« (Wiesel, 1984, S. 91 ff.).

Gott am Galgen. Erzählt das nicht im 1. Jahrhundert schon die Jesusgeschichte? Gott/Mensch am Galgen im Gefühl der Gottverlassenheit und Ohnmacht. Für seine Leute eine unglaubliche Herausforderung. Später sollte es heißen: »(...) wir aber predigen Christus, den Gekreuzigten, den Juden ein Ärgernis (skandalon) und den Heiden eine Torheit« (1. Korinther 1,23).

Die Frage, warum es Leid in der Welt oder im eigenen Leben gibt, bleibt aktuell. Jeder an der Versorgung schwerstkranker und sterbender Menschen Beteiligte ist wohl schon auf diese Frage gestoßen: Warum ich? Ich habe doch gar nichts Böses getan! Es ist die Frage, warum die Lebensmächte das zulassen, die Frage nach Gerechtigkeit, die Frage nach Schuld. Gleich drei existenziell bedeutsame Problemkreise schwingen hier mit – in einem Seufzer.

Ohnmacht

Ohnmacht gehört zu den schwierigsten Herausforderungen eines Menschen – ohne Macht zu sein, keine eigenen Handlungsoptionen mehr zu haben. Das bringt die Grundfesten des Lebens ins Wanken. Todeswünsche melden sich. Fragen nach Sterbehilfe oder assistiertem Suizid kommen auf. Hoffnung gibt es möglicherweise noch, wenn jemand außerhalb des begrenzten Selbst noch über Handlungsoptionen verfügt. Schwieriger wird es, wenn es auch die nicht mehr gibt oder sie nicht wahrgenommen werden können.

Schwierig wird das auch für die Akteure selbst, wenn sie keine Handlungsoptionen mehr anbieten können, wenn sie sich machtlos fühlen, weil sie nicht wirklich mehr etwas machen können. Die beim Gegenüber erlebte Ohnmacht geht in Resonanz zur eigenen.

Wenn ich als Seelsorger solche Momente aushalten muss, wenn ich nicht mehr weiß, was ich einem leidtragenden Menschen noch Tröstliches sagen oder spüren lassen kann, beschleichen mich nicht selten Fluchtimpulse. Nicht immer habe ich ihnen standgehalten. Und doch ist es vielmehr als nichts, dieses Ausharren beieinander, miteinander in gemeinsam erlebter Ohnmacht.

Ich habe es auch aus der anderen Perspektive erleben dürfen: Ohnmacht tröstet in Ohnmacht. Als am 1. Advent 1983 zwei uns wichtige Menschen ihr Leben durch einen sinnlosen Verkehrsunfall verloren, waren wir zunächst wie gelähmt. Der Pfarrer, welcher die beiden bestatten soll, kam zeitnah zu einem ersten Besuch zu uns. Er begegnete uns mit den Worten: »Erwarten Sie keinen Trost von mir, ich bin selbst noch nicht aus der Sprachlosigkeit heraus.« Doch genau das war Trost. Geteilte Ohnmacht! Eine nachhaltige Erfahrung, die sich auf immer ins Gedächtnis geprägt hat.

Johannes-C. Albrecht ist Pfarrer/Krankenhausseelsorger im Ruhestand. Er hat über zwanzig Jahre in der Krankenhausseelsorge mit Schwerpunkten in der Palliativversorgung und der Geriatrie gearbeitet. Als Sprecher der DGP-Sektion Seelsorge/Spiritual Care und als Supervisor ist er der Palliativversorgung weiterhin aktiv verbunden.

Kontakt: j.albrecht.palliativ@posteo.de

Literatur

Bachmann, M. (2019). Gott der Allmächtige. Der Pantokrator der Bibel und die Theodizeediskussion. Freiburg.

Eizinger, W. (2018). Der allmächtige Gott. Gibt es einen solchen? In: Anzeiger für die Seelsorge, 11, S. 28–31. https://www.herder.de/afs/hefte/archiv/2018/11-2018/der-allmaechtige-gott-gibt-es-einen-solchen/ (Zugriff am 08.04.2025).

Henrix, H. H. (o. J.). Machtentsagung Gottes? Eine kritische Würdigung des Gottesverständnisses von Hans Jonas. https://www.jcrelations.net/de/artikelansicht/machtentsagung-gottes-eine-kritische-wuerdigung-des-gottesverstaendnisses-von-hans-jonas.html (Zugriff am 08.04.2025).

Martin, P. F. (2021). Gottes Allmacht und die Frage nach der Theodizee. Versuch einer Annäherung. Wittenberg. https://ev-akademie-wittenberg.de/diskurs/gottes-allmacht-und-die-frage-nach-der-theodizee/ (Zugriff am 08.04.2025).

Wiesel, E. (1987). Die Nacht zu begraben. Berlin.

Workshop zu Macht- und Ohnmachtserfahrungen in der Trauerbegleitung

Sylvia Brathuhn

Dauer: ca. 2,5 Stunden (3 UE: Ablaufplan 125 Minuten + Übergangszeiten = 135 Minuten)
Teilnehmendenzahl: 10 bis 16
Setting: Stuhlkreis

1. Einstieg mit Erwärmensübung (15 Minuten)

In der Mitte liegen auf zwei verschiedenfarbigen Moderationskarten Begriffe für Macht und Ohnmacht (siehe Materialien). Jede:r Teilnehmende zieht sich je eine Karte und erläutert ihre:seine Gedanken dazu.

Ziel: Ein erstes Gefühl für das Thema schaffen und persönliche Verbindungen herstellen. Darüber hinaus können die Begriffe als Anregung für die Teilnehmenden dienen, um ihre eigenen Assoziationen und Erfahrungen zu teilen. Sie ermöglichen es im Verlauf der Fortbildungseinheit, die verschiedenen Facetten von Macht und Ohnmacht im Kontext der Trauerbegleitung zu reflektieren.

2. Selbstreflexion zu eigenem Machtbewusstsein (10 Minuten)

Die Teilnehmenden bekommen zwei Karten (siehe Materialien), die jeweils einen Satz enthalten und weitergeschrieben werden sollen.

- *Ich fühle mich machtvoll, wenn …*
- *Ich fühle mich ohnmächtig, wenn …*

Ziel: Anregung zur Reflexion über die eigene Beziehung zu Macht und Ohnmacht.

3. Gruppenreflexion in Bezug auf die Trauerbegleitung (30 Minuten)

Fragensammlung:
- Was bedeutet Macht für mich in meiner Rolle als Trauerbegleiter:in?
- Wo erlebe ich Ohnmacht in meiner Begleitarbeit?
- Wie beeinflussen meine eigenen Machtgefühle die Begleitung von Trauernden?
- Wie kann ich in Ohnmachtssituationen selbstwirksam bleiben?

Die Teilnehmenden reflektieren diese Fragen in Kleingruppen (3 bis 4 Personen) und sammeln ihre Gedanken auf Flipcharts.

4. Austausch und Diskussion (30 Minuten)

- Jede Gruppe präsentiert ihre Erkenntnisse.
- Offene Diskussion über gemeinsame Themen und Herausforderungen.

5. Plenumsgespräch: Strategien für die Praxis (15 Minuten)

- *Umgang mit Ohnmacht:* Konkrete Ansätze, wie man als Trauerbegleitende:r in Situationen von erlebter Ohnmacht handlungsfähig bleiben kann (zum Beispiel Supervision, Austausch mit Kolleg:innen …).
- *Empowerment von Trauernden:* Möglichkeiten, Trauernden zu helfen, ihre eigene Stimme und Selbstwirksamkeit zurückzugewinnen. Dazu könnten Ansätze wie engagiertes Zuhören, Fragen stellen und Ressourcen aktivieren gehören.

Leidfaden, Heft 3 / 2025, S. 92–93, ISSN (Printausgabe): 2192-1202, ISSN (online): 2196-8217, © 2025 Vandenhoeck & Ruprecht

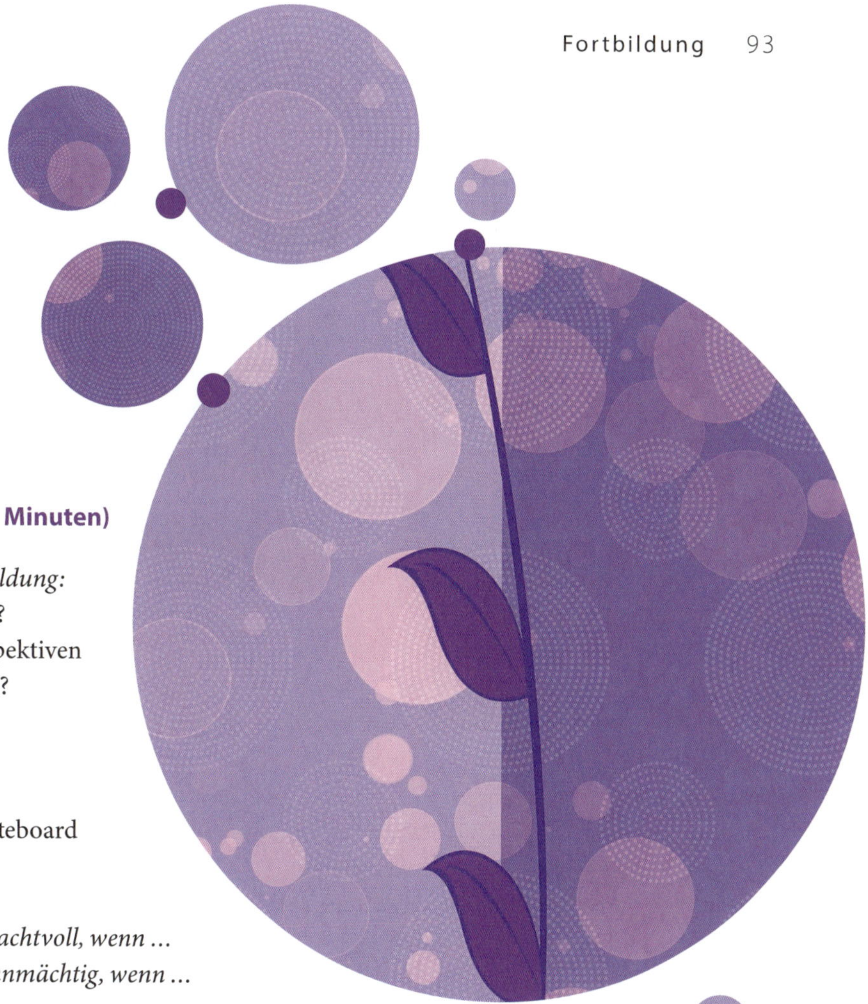

Mollyroselee / Pixabay

6. Abschlussrunde (15 Minuten)

Reflexion über die Fortbildung:

- Was nehme ich mit?
- Welche neuen Perspektiven habe ich gewonnen?

Materialien

- Flipchart oder Whiteboard
- Stifte und Papier
- 2 Karten
  - *Ich fühle mich machtvoll, wenn …*
  - *Ich fühle mich ohnmächtig, wenn …*

Beispielhafte Begriffe für Macht

1. Einfluss
2. Kontrolle
3. Entscheidungshoheit
4. Führung
5. Stärke
6. Verantwortung
7. Wissen
8. autoritär sein
9. Ressourcen (Geld, …)
10. Sicherheit
11. Status/Position
12. …

Begriffe für Ohnmacht

1. Hilflosigkeit
2. Einschränkung
3. Verlust
4. Zweifel
5. Frustration
6. Unsicherheit
7. Isolation
8. Abhängigkeit
9. Resignation
10. Angst
11. …

Dr. phil. Dipl.-Päd. **Sylvia Brathuhn** ist Trainerin in Palliative Care sowie in den Bereichen Sterben, Tod, Trauerbegleitung; Resilienz-Coach; Mitglied der IWG (International Work Group on Death, Dying and Bereavement). Sie war Bundes- und Landesvorsitzende der Frauenselbsthilfe Krebs Rheinland-Pfalz/Saarland e.V.

Kontakt: brathuhn@t-online.de

»Denn sie wissen, was sie tun«

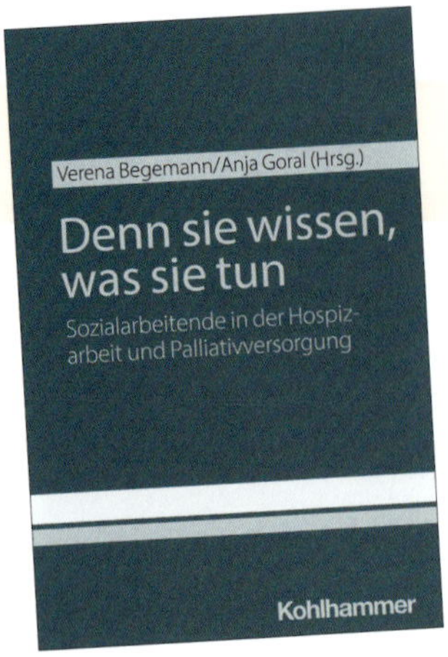

Norbert Mucksch

Verena Begemann/Anja Goral (Hrsg.) (2024). »Denn sie wissen, was sie tun«. Sozialarbeitende in der Hospizarbeit und Palliativversorgung. Stuttgart: Kohlhammer, 224 Seiten

Das Buch mit diesem durchaus außergewöhnlichen und Selbstbewusstsein vermittelnden Titel nimmt die Soziale Arbeit als etablierte Handlungswissenschaft in den Blick und macht deutlich, dass diese Profession einen spezifischen und unverzichtbaren Beitrag in der Begleitung am Lebensende leistet. Der Haupttitel »Denn sie wissen, was sie tun« drückt daher zu Recht und sehr entschieden Selbstbewusstsein aus.

Auch wenn dieses Buch von Sozialarbeiter:innen mit einem eindeutigen Blick auf diese Profession geschrieben ist, so enthält es doch vielfältige Inhalte und Impulse, die auch für die anderen beteiligten Professionen wie auch für die große Zahl der ehrenamtlich engagierten Menschen im Arbeitsfeld Hospiz und Palliative Care eine Bedeutung haben. Aus meiner Sicht ist dies also keine Veröffentlichung vorwiegend und schon gar nicht ausschließlich für Sozialarbeiter:innen.

Das Buch gliedert sich in fünf Hauptkapitel. Beginnend mit einer Hinführung, in der auch auf die Geschichte des Hannoveraner Hochschultransferprojekts »Hochschule und Hospiz in Bewegung« eingegangen wird. In diesem Abschnitt findet sich ein eindrucksvoller und sehr lesenswerter Beitrag des zu Recht als Hospizpioniers zu nennenden Palliativmediziners Johann-Christoph Student, der in den Jahren 1980–1997 an der Evangelischen Fachhochschule Hannover geforscht und gelehrt hat. Sein Rückblick als Promotor und Zeitzeuge auf die Anfangsjahre hospizlicher Arbeit und hospizlicher Sozialarbeit in Hannover ist sehr lesenswert, macht er doch deutlich, welch beeindruckende Entwicklung diese Idee in mehr als 45 Jahren genommen hat.

Im II. Hauptkapitel stellt Anja Goral als Mitherausgeberin des Buches das Projektstudium »Hochschule und Hospiz in Bewegung« vor. Studierende aus diesem Projektstudium stellen nachfolgend ihre Studienergebnisse und Erfahrungen vor und darüber hinaus auch die im Rahmen dieses Projekts entstandenen Kurzfilme, die übrigens auf Anfrage bei den Herausgeberinnen zu Fortbildungszwecken zur Verfügung gestellt werden können. Dieses Kapitel endet mit der Transkription eines Gesprächs mit dem namhaften Soziologen Hartmut Rosa, der anlässlich des Welthospiztags 2023 an der Hochschule Hannover zu Gast war. Der Titel des Gesprächsabends lautete »Resonanz im Umgang mit Sterben, Tod und Trauer«. Ein spannender und beeindruckender Austausch, der das große Thema »Resonanz« in den Bereich Hospiz und Palliative Care überträgt und bedenkenswerte Denkanstöße für die Begleitung von sterbenden Menschen liefert. Rosa sensibilisiert in seinen im offenen Gesprächsaustausch entstandenen Formulierungen für ganz zentrale Begriffe und Haltungen (Berührung, in Beziehung treten, Unverfügbarkeit, Verwundbarkeit). Resonanz ist für ihn »ergebnisoffenes, unverfügbares In-Beziehung-Treten« (S. 86).

Im folgenden III. Hauptkapitel stellen die beiden Herausgeberinnen zunächst Ergebnisse der qualitativen Sozialforschung zu Tätigkeiten, Wirksamkeit und Identität von Sozialarbeitenden vor. Dabei wird das überaus breite und vielfältige Spektrum an sozialarbeiterischen Arbeitsfeldern und Aufgaben in der Hospizarbeit deutlich. Diese reichen von klassischer Beratung für Pflege, Versorgung und Recht über psychosoziale Beratung, ethische Entscheidungsfindung bis hin zu Öffentlichkeitsarbeit und Fundraising, um hier nur einige wenige Bereiche zu benennen.

Im IV. Hauptkapitel folgt eine Verbindung von Theorie und Praxis. Hier werden innovative Bachelorarbeiten von Studierenden vorgestellt, die im Rahmen des Projekts »Hochschule und Hospiz in Bewegung« entstanden sind. Der reiche Fundus an Ideen, die Studierende mit spürbar sehr großem Engagement entwickelt haben, wird hier gehoben und vorgestellt.

Im V. und abschließenden Hauptkapitel greifen die beiden Herausgeberinnen den Titel des Buches noch einmal auf und bestätigen als Ergebnis der Praxisforschung die klare, eindeutige und selbstbewusste Aussage: »Sie wissen, was sie tun!« Eine wertschätzende Resonanz an die beteiligten Studierenden und eine dezidierte und überzeugte Aussage im Blick auf die Soziale Arbeit im Handlungsfeld Hospiz und Palliativ Care.

Das Buch ist, so wie es im Ausblick auch benannt wird, im besten Sinne ein »Werkstattbuch«. Es öffnet einen intensiven Einblick in ein Handlungsfeld, das vielfältiger und breiter ist als oftmals gedacht. Eine Werkstatt lebt nicht nur von gutem »Handwerk«, sondern auch von kreativen Ideen und einem weiten Blick. Dafür öffnet dieses Buch Perspektiven.

Der Empfehlung der Herausgeberinnen für dieses Buch an alle, die danach fragen, ob Soziale Arbeit im Arbeitsfeld Hospiz und Palliativversorgung etwas bewirkt, möchte ich mich ausdrücklich anschließen. Es ist ein intensiv ermutigendes und ideenstiftendes Buch, dem eine Verbreitung weit über die Berufsgruppe der Sozialarbeitenden zu wünschen ist.

Reise mit Mut

Eduard Zwierlein

Sylvia Brathuhn, Sabine Zwierlein-Rockenfeller, Rainer Simader (2025). Reise mit Mut. Mein Platz im Leben nach der Diagnose Krebs. Hrsg. von der Frauenselbsthilfe Krebs, Landesverband Rheinland-Pfalz/Saarland. Göttingen: Vandenhoeck & Ruprecht, 2025, 208 Seiten

Dies ist ein ganz gelungenes Buch. Wunderbar und wertvoll. Das scheint ein verdächtiger Beginn für eine Rezension zu sein. Denn sie soll ja nüchtern und kritisch auf das rezensierte Werk schauen. Doch manchmal findet sich eine Publikation, die eine echte Perle ist. So ein Kleinod haben wir hier vor uns. Drei erfahrene Autor:innen haben ein Buch auf den Weg gebracht, das von der Struktur her klar und überzeugend aufgebaut ist. Zwei Geleitworte und erste Reisegedanken mit Selbstvorstellungen der Autor:innen bringen das Werk in Gang. Dann folgen mit jeweils einem inspirierenden Vorwort drei Schwerpunkte, die die Grundstruktur eines Rituals nachahmen: Abschied – Übergang – Neuanfang. Weggedanken beschließen und runden das Buch ab.

Der erste Schwerpunkt geht auf alle möglichen Facetten ein, die mit dem Krebserleben verbunden sind. Die Autor:innen haben hierfür die Form eines kleinen Lexikons gewählt, sie nennen es »Glossar«, in dem alphabetisch von A wie *Abenteuer* bis Z wie *Zukunft* wichtige Wörter und Begriffe kurz, lebensnah und anregend erläutert werden, um Mut, Klärung und Orientierung zu geben. Jedem Stichwort sind Impulse oder Reflexionen hinzugefügt. Das ist wie eine lebendige Wortreise, wo man stöbern, sich hin und her bewegen und vieles lernen kann.

Der zweite Schwerpunkt verbindet den Leser mit der Ursprungsidee, aus dem das Buch erwach-

sen ist. Zugrunde liegt nämlich das Kreativprojekt »PLATZverLUST«, in dem betroffene Frauen ihre Erfahrungen durch die künstlerische Gestaltung eines Stuhls als Lebensplatz symbolisiert haben. Unter der Überschrift »Experimentieren – Neues wagen – Platz schaffen« begegnen wir hier Frauen, die aus dem Krebserleben aufgebrochen sind und mit Übergängen und Neuanfängen experimentiert haben. In eindrucksvollen Bildern und persönlichen Zeugnissen können wir den Verlauf des Kreativprojekts als eine künstlerische Reise nachvollziehen, in der die Frauen zusammen mit Freude und Schaffenslust ihren Lebensstuhl gestaltet haben, um sich über ihren (veränderten) Platz im Leben klar zu werden.

Der dritte und letzte Schwerpunkt unter dem Titel »**weiter**wandeln« erlaubt uns einen Blick auf das, was im kreativen Prozess erobert wurde. Wir sehen das Stuhl-Kunstwerk, wir sehen daneben die Frau, die es geschaffen hat, und wir lesen jeweils einen persönlichen Text, den jede Frau im Dialog mit dieser schöpferischen Auseinandersetzung als Teil ihrer Lebensgeschichte formuliert hat: Erfahrungen, Gefühle, Hoffnungen, Träume – Auseinandersetzungen mit dem Leben und der Krankheit, berührende Texte über Schweres und Leichtes, über Stürzen und Fallen, über Aufstehen und Weitergehen, über Schmerz und Tränen und über Licht und Zuversicht.

Der Mix der verschiedenen Textsorten gelingt. Der rote Faden der Lebensreise als Mutreise und Verwandlungsgeschichte trägt durch. Die vielen Fotos illustrieren auf anschauliche Weise den Text und erzeugen einen starken Dialog. Einzig die persönlichen Lebenstexte der mutigen Frauen sind gelegentlich so klein geraten, dass man mit ihnen eine Augenoptikerprüfung bestehen könnte. Da der Rezensent aber nicht mehr zu beklagen hat als dies, kann er das großartige Buch nur uneingeschränkt und wärmstens empfehlen: Kaufen – Lesen – Mitgehen – Wachsen – Verschenken.

Und wer sollte das Buch lesen? Welche Leser:innen sind ihm zu wünschen? Und welchen Leser:innen ist dieses Buch zu wünschen? Sicher vor allem Betroffenen, ihren Angehörigen und Zugehörigen sowie allen, die an Krebs erkrankte Menschen ehrenamtlich oder professionell begleiten: Sie sollten dieses Buch lesen. Es wird sie stärken. Aber auch schlicht jeder, der daran interessiert ist, wie ein verletzliches menschliches Leben zu einer Reise mit Mut werden kann.

Martina Lenz und Fabian Rockenfeller

Let's talk about future!

Marithres van Bürk-Opahle

Auf den ersten Blick scheint es einfach: In der Trauerbegleitung steht das Individuum im Mittelpunkt und wird unterstützt durch Angebote und Rituale, die ihm Raum und Rahmen für seinen persönlichen Weg durch die Trauer geben. Doch es gibt weitere wichtige Aspekte in der Begleitung trauernder Menschen. Wer Vertrauen und Bindung aufbauen will, braucht auch Wissen und Erfahrung, in welchen sozialen Bezügen die Trauernden leben und welche Werte, Kultur, Normen und Sprache der jeweiligen Gemeinschaft prägend sind.

Was eine kultur- und gendersensible Trauerbegleitung ausmacht, war Thema eines Workshops bei der Jahrestagung des Bundesverbands Trauerbegleitung e. V. (BVT) im März 2025 in Witten.

Die gesellschaftliche Diskussion um die Vielfalt der Geschlechter hat die Unterschiede zwischen dem biologischen Geschlecht, dem gefühlten Geschlecht und der Geschlechterrolle deutlich gemacht. Vielfalt in der Trauerbegleitung kann nur dann gelingen, wenn Menschen sich nicht einfach nur dazu bekennen, sondern bereit sind, über die Diskriminierungserfahrungen und Empfindungen mit Menschen unterschiedlicher Geschlechtlichkeit oder anderer Kulturen zu sprechen und daraus Antidiskriminierungsaktivitäten für ihre Arbeit abzuleiten.

Mila Supinskaya Glashchenko / Shutterstock

Zum Beispiel: Menschen mit einer anderen Geschlechtlichkeit fühlen sich oft durch die Sprache diskriminiert. Sätze wie »Wir sind normal und du bist transsexuell!« erleben sie als ausgrenzend, während »Wir sind *cis* und du bist *trans*!« von ihnen anders verstanden wird. Die Wortwahl signalisiert die Kenntnis über die Diskussion zum Thema »Diskriminierung durch Sprache« sowie das Wissen, dass mit *cis* die Übereinstimmung der körperlichen Geschlechtlichkeit mit der gefühlten Geschlechtlichkeit gemeint ist. Mit der Nutzung des in der Community üblichen Begriffs *cis* erleben sie, dass ihre Wünsche nach Gleichbehandlung berücksichtigt werden.

Wer trauernde Menschen kultur- und geschlechtersensibel begleiten möchte, muss sich daher selbst in seinen Annahmen und Vorurtei-

Leidfaden, Heft 3 / 2025, S. 97–100, ISSN (Printausgabe): 2192-1202, ISSN (online): 2196-8217, © 2025 Vandenhoeck & Ruprecht

len wahrnehmen und kritisch hinterfragen. Hilfreich dafür sind vor allem Erfahrungsaustausch und Fortbildung mit Menschen anderer Kulturen und anderer geschlechtlicher Orientierung, die ihre Erfahrungen von Ausgrenzung und Diskriminierung mit Menschen ohne Diskriminierungserfahrung teilen möchten.

KI und Trauer – Von digitaler Unsterblichkeit bis zum Kontakt über den Tod hinaus

In ihrem Film »Eternal you – Vom Ende der Endlichkeit« von 2024 geben die Filmemacher Moritz Riesewieck und Hans Block einen Überblick über den Entwicklungsstand virtueller Angebote, bei denen mit Hilfe künstlicher Intelligenz Menschen über den Tod hinaus erlebbar werden. Auch wenn Angebote zum virtuellen Kontakt mit verstorbenen Menschen in der Trauerbegleitung in Deutschland noch selten sind, wird ein Wachstum dieses Marktes erwartet.

Auf der Jahrestagung des BVT erläuterte Dr. Lukas Brand in seinem Vortrag »Wie verändert sich Trauer in der Virtuellen Realität?«, dass Erfahrungen in der virtuellen Welt wirkliche Erfahrungen sind und genauso wertvoll wie Erfahrungen in der wirklichen (analogen) Welt empfunden werden können.

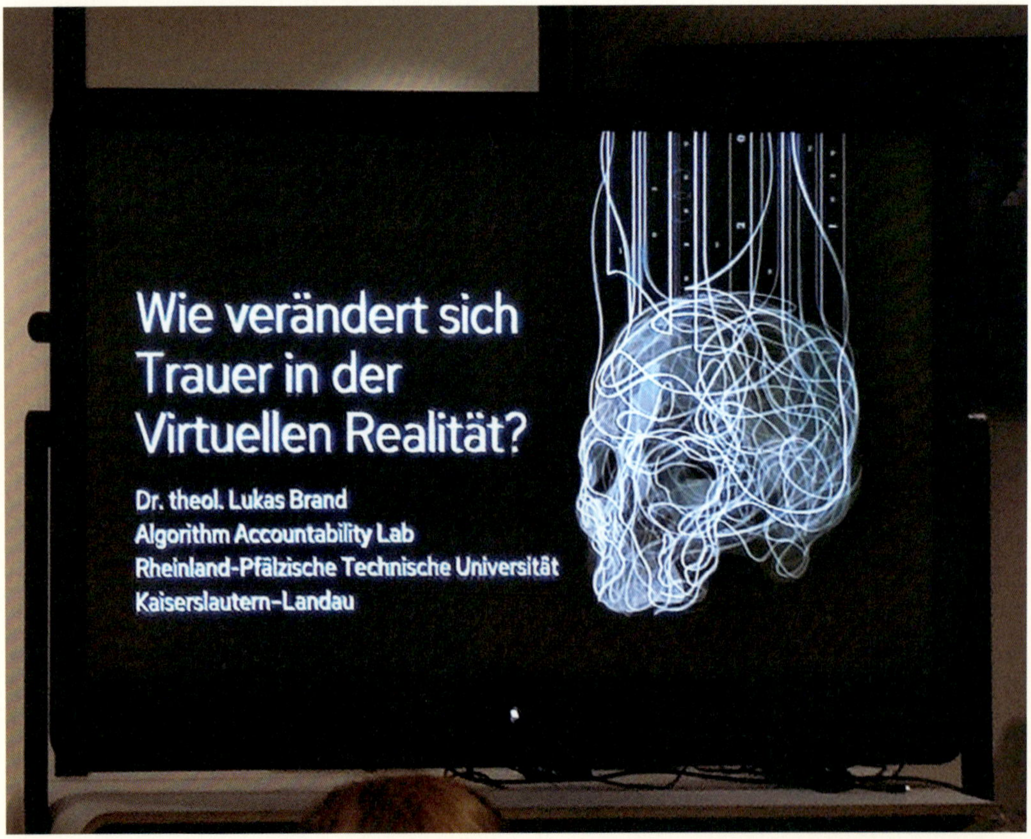

Lukas Brand

Aktuell wird in großem Stil an unterschiedlichen Möglichkeiten gearbeitet, auf Grundlage digitaler Daten und unter Einsatz künstlicher Intelligenz Möglichkeiten zu schaffen, den Verstorbenen auch nach deren Tod virtuell zu begegnen. Dazu werden Stimme, Gespräche und möglichst viele Informationen der Person digital erfasst und daraus ein Avatar oder Deadbot entwickelt. Dadurch wird die virtuelle Kontaktaufnahme möglich – aktuell schon mit dem Deadbot per Chat, in der die KI mögliche Antworten des Verstorbenen generiert, per Audio, in der zum Beispiel die Stimme der Verstorbenen den Kindern oder Enkelkindern Geschichten vorliest. In Zukunft wird mit entsprechendem Datenvolumen in noch größerem Umfang und wachsender Qualität der Aufbau von Avataren als digitale Menschen angenommen, die mit Hilfe von VR-Brillen und, soweit technisch realisierbar, für Nutzer:innen auch im Raum sicht- und erfahrbar werden.

Diese technische Entwicklung erweitert für Hinterbliebene die Möglichkeiten im Umgang mit den Verstorbenen. Positiven Aspekten wie die Möglichkeit des Abschiednehmens und die intensive Form des Erinnerungserlebens stehen nach Meinung von Dr. Brand ungeklärte Fragen des Datenschutzes und die Tatsache gegenüber, dass, anders als bei Fotos, Briefen oder Filmen, die KI neue Realitäten zwischen dem Avatar und den Angehörigen generiert und nicht nur an Vergangenes erinnert. »Der Einmaligkeit und Endlichkeit des Lebens wird durch die Möglichkeiten der generativen künstlichen Intelligenz die Illusion einer nicht nur wiederholbaren, sondern immer neuen und potenziell unendlichen Beziehung zum/r Verstorbenen gegenübergestellt, die die Bewältigung der Trauer unmöglich macht« (aus der Vortragspräsentation von Dr. Lukas Brand, 9.03.2025).

Auch die Studie des Fraunhofer Instituts für Sichere Informationstechnologie der Universität Tübingen sieht in der Entwicklung der KI für die Trauerbegleitung viele offene Fragen. »Und ähnlich wie im Transhumanismus stellt sich hier die Frage, ob die Anerkennung der eigenen Endlichkeit der Schlüssel für ein gutes Leben ist – oder aber ob gerade die Sehnsucht nach Unvergänglichkeit und das Bemühen, eben jene Begrenztheit zu überwinden (oder diese Überwindung zumindest zu simulieren), ein menschliches Kerncharakteristikum darstellen« (Ammicht Quinn et al., 2024, S. 63 f.).

Wichtig ist den Forscher:innen in der Studie ein reflektierter Umgang mit den neuen Möglichkeiten. »So wie die Interaktion der Lebenden in einer digitalen Gesellschaft nach Medienmündigkeit und einem (ethisch) reflektierten Technikverständnis verlangt, ist auch die Suche nach einem respekt- und pietätvollen Umgang mit Tod und Trauer in einer datafizierten und mediatisierten Lebenswelt eine bleibende Aufgabe« (Ammicht Quinn et al., 2024, S. 63 f.).

Welchen Einfluss die wachsenden Möglichkeiten durch die KI auf den Prozess des Trauerns hat und was das für eine fachlich fundierte Trauerbegleitung bedeutet, bleibt für den BVT somit ein wichtiges Thema für die nächsten Jahre.

Balance zwischen Anspruch und Möglichkeit – Entwicklungen im BVT

Die Zahl der Trauerbegleitenden nimmt in Deutschland seit Jahren zu. Qualifizierungsangebote stoßen auf großes Interesse. Dies spiegelt sich auch in der Entwicklung des Bundesverbands Trauerbegleitung e. V. wider. Hatte der Verein bei Gründung der eigenen Geschäftsstelle noch 163 Mitglieder, wuchs die Zahl bis zum Februar 2025 auf 664 Mitglieder, davon 69 Qualifizierende, das heißt, Personen in Lehre und Fortbildungen, und 595 Begleitende, welche Angebote für trauernde Menschen ehrenamtlich oder auch hauptberuflich aufstellen und umsetzen.

Mit den neuen Mitgliedern entstanden für den Verband neue Ziele und Erwartungen. Das Hauptziel der ersten Jahre, Trauerbegleitung in Deutschland auf einem qualitativ hohen Niveau zu etablieren, wurde erweitert durch einen wachsenden Bedarf an Fortbildungs- und Unterstützungsstrukturen für die in der Praxis aktiven Trauerbegleiter:innen.

Der bundesweite Bedarf der Mitglieder und die Fülle externer Anfragen machten organisatorische Änderungen notwendig, um die Zukunft des Verbands zu sichern. Im Auftrag der Mitglieder trafen sich ab Herbst 2024 der Vorstand und interessierte Mitglieder zu einem mehrmonatigen Organisationsentwicklungsprozess und erarbeiteten Ideen für Kommunikationsstrukturen und eine neue Verteilung der Aufgaben.

Ab jetzt …

- wird es im Bundesverband Referent:innen geben für diverse Themen wie Pressearbeit, Soziale Medien, Fundraising, Verantwortliche für neue Mitglieder.
- sollen regelmäßige Treffen initiiert werden, um den Austausch zwischen den Kommissionen, den Arbeitsgemeinschaften und den Referent:innen mit dem Vorstand über das Jahr sicherzustellen.
- wird der Stellenanteil der Geschäftsstelle mehr als verdoppelt, um den organisatorischen Anforderungen gerecht zu werden.
- wird der Verband durch die Erhöhung der Mitgliedsbeiträge die Möglichkeit haben, wichtige Projekte wie die Aktualisierung der Homepage und mehr Angebote für Mitglieder umzusetzen.

Fazit einer Teilnehmerin zur Jahrestagung und Mitgliederversammlung 2025 des BVT

»Es war eine tolle Veranstaltung mit aktuellen Themen und durchaus nennenswerten Veränderungen innerhalb des BVTs. Neben interessanten Workshops, ausgewogenen und ebenfalls vielseitigen Abendprogrammen haben mir ganz besonders das wertschätzende und harmonische Miteinander gefallen. Ich freue mich auf das nächste Jahr!«

Marithres van Bürk-Opahle, Diplom-Theologin, Diplom-Pädagogin, hat seit 2018 die große Basisqualifikation, ist Mitglied im BVT und seit 2023 selbstständige Trauerrednerin und -begleiterin.

Kontakt: kontakt@mein-weg-des-abschieds.de

Literatur

Ammicht Quinn, R.; Geissler, I.; Heesen, J.; Hennig, M.; Kunz, T.; Meitzler, M.; Waldmann, U. (2024). Ethik, Recht und Sicherheit des digitalen Weiterlebens. Forschungsergebnisse und Gestaltungsvorschläge zum Umgang mit Avataren und Chatbots von Verstorbenen. Tübingen/Darmstadt.

© Lubomir Kotrha / toonpool.com

Vorschau Heft 4 | 2025

Thema: Menschen mit kognitiver Behinderung

Was brauchen Menschen mit geistiger Beeinträchtigung, um das Sterben zu verstehen?

Fragile Versorgungsverhältnisse

Vom Leben mit einem behinderten Bruder – Gedanken und Erinnerungen

Menschen mit Behinderungserfahrung: Eine unsichtbare Gruppe in der palliativ-hospizlichen Forschungslandschaft und Praxis

Trauerbegleitung von Menschen mit Behinderung

Spiritualität in der Begleitung von Menschen mit geistiger Behinderung am Lebensende

Schmerzen erkennen und anerkennen bei Menschen mit geistiger und mehrfacher Behinderung

u.a.m.

Impressum

Herausgeber/-innen:
Rainer Simader, Dachverband Hospiz Österreich
Ungargasse 3/1/18, A-1030 Wien
E-Mail: simaderr@gmail.com

Prof. Dr. med. Lukas Radbruch, Zentrum für Palliativmedizin,
Von-Hompesch-Str. 1, D-53123 Bonn
E-Mail: Lukas.Radbruch@ukbonn.de

Dr. phil. Sylvia Brathuhn
(Mitglied Bundesverband Trauerbegleitung e. V.)
Schweidnitzer Str. 17, D-56566 Neuwied
E-Mail: Brathuhn@t-online.de

Dipl.-Sozialpäd. Heiner Melching (Berlin)
Monika Müller, M.A. (Rheinbach)
Dipl.-Päd. Petra Rechenberg M.A. (Hamburg)
Dipl.-Pflegefachfrau Erika Schärer-Santschi (Thun, Schweiz)
Dipl.-Psych. Margit Schröer (Düsseldorf)
Prof. Dr. Reiner Sörries (Erlangen)
Dipl.-Theol. Peggy Steinhauser (Hamburg)

Kontaktanfragen und Rezensionsvorschläge richten Sie bitte an
Rainer Simader: simaderr@gmail.com

Redaktion:
Ulrike Rastin M. A. (V. i. S. d. P.)
BRILL Deutschland GmbH
Vandenhoeck & Ruprecht
Robert-Bosch-Breite 10, D-37079 Göttingen
Tel.: 0551-5084-423
E-Mail: ulrike.rastin@degruyterbrill.com

Bezugsbedingungen:
Die Zeitschrift erscheint viermal jährlich. Es gilt die gesetzliche Kündigungsfrist
für Zeitschriften-Abonnements. Die Kündigung ist schriftlich zu richten an:
Brockhaus Kommissionsgeschäft GmbH, Leserservice, Kreidlerstraße 9, D-70806 Kornwestheim,
E-Mail: zeitschriften@brocom.de
Unsere allgemeinen Geschäftsbedingungen, Preise sowie weitere Informationen
finden Sie unter www.vandenhoeck-ruprecht-verlage.com.

Verlag:
BRILL Deutschland GmbH, Robert-Bosch-Breite 10,
D-37079 Göttingen; Tel.: 0551-5084-300
www.vandenhoeck-ruprecht-verlage.com
E-Mail: info@v-r.de

ISSN (Printausgabe): 2192-1202, ISSN (online): 2196-8217
ISBN 978-3-525-80632-6

Umschlagabbildung: Banksy, Flower Thrower

Verantwortlich für die Anzeigen: Ulrike Vockenberg, Brill Deutschland GmbH,
Robert-Bosch-Breite 10, D-37079 Göttingen, Kontakt: anzeigen@v-r.de

Gestaltung, Satz und Lithografie: SchwabScantechnik, Göttingen
Druck und Bindung: Beltz Grafische Betriebe GmbH, Bad Langensalza

Printed in Germany